农业经济学与新型农业经营体系构建研究

孙丽华 贾 慧 曲 萍◎著

经济日报出版社

北 京

图书在版编目（CIP）数据

农业经济学与新型农业经营体系构建研究 / 孙丽华，
贾慧，曲萍著. -- 北京：经济日报出版社，2025.3
ISBN 978-7-5196-1487-4

Ⅰ. ①农… Ⅱ. ①孙… ②贾… ③曲… Ⅲ. ①农业经
济学－关系－农业经营－经营体系－研究 Ⅳ. ①F30

中国国家版本馆 CIP 数据核字（2024）第 088589 号

农业经济学与新型农业经营体系构建研究

NONGYE JINGJIXUE YU XINXING NONGYE JINGYING TIXI GOUJIAN YANJIU

孙丽华　贾　慧　曲　萍　著

出　　版：经济日报出版社
地　　址：北京市西城区白纸坊东街 2 号院 6 号楼
邮　　编：100054
经　　销：全国各地新华书店
印　　刷：廊坊市博林印务有限公司
开　　本：787mm×1092mm　1/16
印　　张：11.5
字　　数：220 千字
版　　次：2025 年 3 月第 1 版
印　　次：2025 年 3 月第 1 次
定　　价：78.00 元

前　言

　　农业是国民经济的基础，农业部门是人类历史上最早出现的生产部门，农业经济思想也是人类最早出现的经济思想。农业经济学具有综合性、交叉性和实践性，跨越经济学、管理学、社会学等学科，又具有很强的政策导向性。我国是农业大国，改革开放以来，城市化和工业化迅猛发展。与之相应，我国农业也发展迅速，农业的生产能力、产业形态、经营主体、政策体系都发生很大的变化，这些都为农业经济思想的发展创造了新的机遇，也提出了新的挑战。

　　本书是一本农业经济学和新型农业经营体系构建研究方面的著作，主要包括以下内容：农业经济概述；农业的发展趋势；农产品市场的优化措施；新农村建设中金融机构和农村区域经济的发展；新型农业经营体系构建；新型农业经营体系下新型职业农民的培育；"互联网+"时代农业的创新路径。相信可为从事农业经济发展研究和新型农业经营体系建设研究的相关人员提供参考。

　　由于我们学识有限、时间仓促，本书难免存在不够完善甚至错误之处，欢迎各位读者批评指正，以便今后修改完善。

孙丽华　贾　慧　曲　萍

2024 年 9 月

目　录

第一章 农业经济概述

第一节 农业与农业经济学基础

一、农业的概念

民以食为天，农业作为国民经济的一个物质生产部门，是人类社会基本生活资料的来源，从古至今都是一个国家的立国之本、强国之基。在农耕时代，农牧业是社会生产力的标志，农业的兴衰决定着一国的兴衰。而进入工业化阶段，农业则可以为工业提供粮食和各种工业原材料，还可以输送城市工业部门所需要的廉价劳动力，甚至可以通过出口农产品换取城市工业发展所需的外汇和技术，使一国获得原始资本积累，从而为经济腾飞创造条件。

在现代社会中，农业被当作国民经济的第一产业，是与工业、服务业等二、三产业相对应的概念，主要是指利用可再生的自然资源（如土地、水、气和太阳能等），依靠生物体的自然生长发育和转化，通过人工培育，生产供人类生存和生活以及再生产所需要产品的生产活动。农业是国民经济发展的基础和保障，国民经济其他部门发展的规模和速度，都要受到农业生产力发展水平和农业生产率高低的制约。

在我国，农业的概念存在狭义和广义之分。狭义的农业仅指种植业或者农作物栽培业，包括粮食作物、经济作物、果林、饲料作物、油料及能源作物等的种植或栽培；广义的农业包括种植业、林业、畜牧业、副业和渔业，因此又被称为大农业。在我国，提到农业，第一印象就是粮食、蔬菜等种植业，因为农业数千年来一直以种植业为主，包括粮食作物、经济作物、饲料作物和绿肥等的生产。

二、农业的特点

与工业品相比，农业生产的对象都是有生命的有机体，最终产品的形成还要依赖于一定的环境条件，所以，农业生产受到的客观影响较多，不确定性较大。农业生产主要有以下五个特点。

（一）农业的生产时间与劳动时间不一致

农产品的生产除了人力的劳动付出以外，还要经过生产对象的自然生长过程，这造成了农业生产时间和劳动时间的不一致。劳动时间是指根据农产品生产的实际需要而投入劳动的时间，农业生产的劳动时间主要集中在农产品生长的前期以及后期，因为农产品具有较长的自然生长周期。如对于种植业来说，由于劳动时间仅仅是生产时间的一部分，同时由于劳动的投入时间与投入数量，是由错综复杂的自然、经济、技术条件决定的，事先并没有（也不可能有）统一的规定，即劳动者什么时间整地、播种、浇水、施肥、除草、中耕、除虫、收割等，只能根据不同地点、不同作物品种、不同气候、不同技术措施，机动而又灵活地决定。

（二）土地是农业生产最根本的生产资料

农产品的生产受到生产活动所处区位土地品级的影响。土地是植物生长的场所，为其提供养分、水分，是动、植物生长发育的重要环境条件。因此，土地的数量、质量和位置都是农业生产的重要制约因素。另外，不同区域的土地具有不同的气候、水源、土质、肥力、耕作方式、人文特征、制度法规，这决定了农作物的长期生长状况和产出水平。不同的农作物适宜在不同的土壤和气候状况下生长，也就体现了地域性对农业生产的制约作用。

（三）农业生产具有周期性和季节性的特点

由于农业生产的主要劳动对象是有生命的动、植物，而动、植物的生长发育有其生命活动周期。比如，农作物生长发育受热量、水分、光照等自然因素影响，这些自然因素随季节而变化，并有一定的周期，所以农业生产的一切活动都与季节有关，从播种到收割需要按季节顺序安排。同样，捕鱼、造林、畜牧等也有季节性和周期性。上述情况决定了农业生产中劳动力和其他生产资料利用的季节性、资金支出的不均衡性和产品收获的间断性。农业生产的季节性，一方面表明根据农时安排生产的重要性；另一方面表明农户多种经营和兼业经营的必要性。多种经营和兼业经营不仅可以比较充分地利用剩余劳动力和剩余劳动时间以增加生产，同时也可以用其经营的收入弥补资金支出不均衡和农产品收获间断所造成的收支缺口。

（四）生产经营过程的不确定性大

气候、天气、温度、疫情、自然灾害等自然因素都会对农业生产构成较大冲击。因此，农产品的生产相对于工业品来说，面临更大的风险性，这种风险主要来源于自然和市场的双重不确定性。农业的发展离不开自然界，受多种自然因素的影响。农业的自然风险主要表现在气象灾害、病害和虫害三个方面。特别是我国幅员辽阔，地理环境和气候千差万别，自然灾害不仅种类多、频率高、强度大，而且还具有时空分布广、地域组合明显、受损面广、损害严重等特征。在农业生产和农产品销售过程中，由于市场供求失衡、农产品价格波动、经济贸易条件等因素变化、资本市场态势变化等方面的影响，或者由于经营管理不善、信息不对称、市场前景预测偏差等，会导致农户经济上遭受损失。另外，农业生产的季节性、周期性，生产和销售时间的不一致性，农产品供给弹性、产品差异性较小，农产品易腐、不耐保存等特点，都加大了农业生产的市场风险。

（五）既是生产资料又是生活资料，也是本身的生产资料

农业最基本的功能是为人类生存和发展提供必需的食品、衣物等生活资料。除此之外，农业还为农业部门以及非农业部门提供生产原料。农业也需要自身的产品作为生产资料，比如种植业需要种子、牲口等，养殖业需要谷物等作物作为饲料。

三、农业的基础性地位

（一）农业是国民经济的基础

农业是人类的衣食之源、生存之本，也是国民经济的基础。农业是提供人类生存必需品和生产资料的部门，任何社会都需要农业部门提供的基本生活资料，特别是食物，同时农业也是支撑国民经济建设与发展的基础产业，国民经济其他部门发展的规模和速度，都要受到农业生产力发展水平和农业劳动生产率高低的制约。因为，这些部门进一步发展所需要的土地和劳动力都是从农业部门转移出来的。没有农业的发展，其他经济部门就不能从农业中完全分离出来；即使能够分离出来，各经济部门的进一步发展也需要农业发展的支撑。

需要注意的是，随着工业、服务业的不断发展以及社会分工的不断深化，农业在国民经济总产值中的比重逐渐下降，但这并不会动摇农业的基础地位，因为农业的基础地位并不能单以产值比重和从业人员数量来衡量。

就我国而言，绝大多数人口还生活在农村，农业的发展直接关系到广大农民生活水平的提高。农业是我国人民生活水平提高、现代化建设、社会稳定的基础，并最终决定着国民经济其他各部门的发展规模和速度，是我国能否全面实现现代化战略目标的关键。

（二）农业的作用

农业的发展状况直接影响并左右国民经济发展全局，是工业等其他物质生产部门与一切非物质生产部门存在与发展的必要条件。农业对国民经济的作用可以归结为产品、要素、市场、资本和文化等方面的贡献。

1. 增加城市农产品供应

当非农部门逐渐从农业中分离出来，并发展成为手工业、工业以后，城市也随之产生，但只有农业生产率不断提高，生产出超过农民所必需的剩余农产品时，其他生产部门所处的城市才可以获得基本食物保障，从而持续发展。除为非农部门以及城市供应食品外，农业部门还要为其提供生产原料。在工业化早期，工业一般都是以农产品加工为主，因此，工业的发展在很大程度上取决于农业的发展状况，如食品加工业、造纸业、纺织业等要依赖农业提供的大量原材料。虽然化工产业的发展使得化工产品（人造纤维、皮革、橡胶）逐渐替代了一些农产品原料，但是农业为工业所提供的原材料仍占较大比重。

2. 向非农产业部门提供剩余劳动力

随着农业生产率的不断提高，原先全部用于生产农产品的劳动力获得了极大释放，农业部门出现了富余劳动力，并逐渐向非农产业部门转移，从而推动非农产业部门的发展。劳动力要素的转移，为非农产业的发展创造了条件。不断转移的农村富余劳动力，为非农产业提供了大量廉价劳动力，从而为经济起飞以及资本的原始积累奠定了良好的基础。

3. 为其他部门提供资本

农业可以为工业等其他非农产业的发展积累资金。在工业发展初期，农业依然是社会主要的生产部门，社会财富也主要通过农业生产积累。通过行政力量的强制执行，比如对农业征税或实行工农产品的价格"剪刀差"，为国家工业化提供原始资本积累。当工业资本积累达到一定阶段，工业超过农业成为支柱产业后，农业部门的资金仍会继续向非农产业部门转移，这种转移主要通过储蓄和直接投资来实现。

农业还可以通过出口农产品及其加工品为国家收益外汇，或通过生产进口替代农产品为国家减少外汇支出，从而为国家平衡国际收支作出贡献。对于处于经济发展初期的国家，工业基础薄弱，产品国际市场竞争力差，为了获得国外先进技术、机器设备和原材料，必须发挥本国的相对比较优势，依靠农业部门来实现出口创汇。

4. 为其他部门提供产品市场

由于产业分工，农业的市场贡献来源于农业与其他部门的交换，包括农民购买日用品和农业生产资料（工具、服务、知识、化肥）。虽然产业存在分工，但是，基本生活消费需求在城乡之间却是一致的。农民生活所需的服装、家具、家电、日用工业品、耐用消费品等都需要从非农产业购买，从而成为这些产业的目标市场。特别是在工业化初期，农业部门是经济的主要部门，无论是绝对规模还是相对规模都较大，这使得农民成为工业产品的主要消费群体。另外，随着农业现代化的推进，农业对农药、化肥、农膜、机械、电力、能源等工业品的需求日趋增加。

5. 民族的文化根基

农业文化不仅是继承下来的作为人类共同财富的文化形态，而且是一种经济社会生产方式，充分体现了系统要素之间、人与自然之间和谐的可持续发展理念。在农业文化系统中，人（农民）的参与是十分重要的，可以说，没有农民就没有遗产的存在。直至今日，在我国，农业文明依然深植于人们日常生活的方方面面，我国农耕文化源远流长，已成为中华文明立足传承的根基。中华民族在长期的生息发展中，凭借着独特多样的自然条件和勤劳与智慧，创造了种类繁多、特色鲜明、经济与生态价值高度统一的重要农业文化遗产。这些宝贵的文化遗产是人类与所处环境长期协同发展中，创造并传承至今的、独特的农业生产系统，这些系统具有丰富的农业生物多样性、传统知识与技术体系和独特的生态文化景观，对我国农业文化传承、农业可持续发展和农业功能拓展具有重要的科学价值和实践意义，并成为中华民族继往开来的文化根基。

四、农业的生产要素及配置

农业生产要素是在农业生产过程中，为了获得人们需要的各种农产品所必须投入的各种基本要素的总称。农业生产要素主要包括以土地和水为代表的自然资源、农业劳动力、农业资金以及农业科技等。

（一）以土地和水为代表的自然资源

农业自然资源是指人们在农业生产中利用的或可能利用的、存在于地球表层自然系统中的、参与农业生产过程的物质和能量，主要包括土地、水、气候、生物、农用矿物等，是农业生产所依赖的物质基础。按照在农业生产过程中的作用和角色的不同，农业自然资源可分为两大类：第一类是作为经营对象的生物资源，包括森林资源、草地资源、农作物资源、动物资源、水产资源和遗传资源等；第二类是仅为农用生物提供生存载体或生长环境，其本身没有生命体征及物质生产能力的农业自然资源，比如土地资源、水资源、气候资源等。

自然资源主要以两种形式作用于农业生产：一种是作为动、植物的营养被直接吸收、转化的；另一种是作为辅助动、植物生长发育的环境和载体而存在的。同时，农业的发展也会反向作用于自然资源，一方面，它可以创造良好的自然资源和环境，集约化地利用可以节约的资源，并使土地资源得到休养和修复；另一方面，农业粗放式的发展，通过牺牲环境资源、扩大耕地面积等掠夺式行为，使森林资源、淡水资源、土地资源甚至空气都受到了较大程度的破坏。

农业自然资源优化配置包括区域化配置和时间化配置。农业自然资源区域化配置是由资源的属性和特点决定的，主要包括区域内部主体之间的各种生产活动所需资源的优化配置、区域内部各产业之间的资源优化配置、区域之间资源的优化配置和区域通过参加国际经济活动而实现的资源优化配置。另外，农业自然资源的优化配置还是一个动态化的过程，需要根据资源的动态特征，得出资源在不同时段的最优分布，实现资源动态优化。

（二）农业劳动力

农业劳动力是指从事农业（包括种植业、养殖业、林业、牧业、水产养殖业等）生产的劳动者。传统意义上，农业生产者即是农牧民，但随着社会分工逐渐细化以及生产力的发展，农业劳动力将逐渐成为专门的产业劳动者。有关农业劳动力的概念，一般分为两个维度，即数量和质量。农业劳动力的数量，是指社会中符合劳动年龄并有劳动能力的人的数量和不到劳动年龄或已超过劳动年龄，但实际参加劳动的人的数量。农业劳动力的质量是指农业劳动力的体力强弱、技术熟练程度和科学、文化水平的高低。农业劳动力的数量和质量因受自然、社会、经济、文化、教育等各种因素的影响而处于不断变化之中。

劳动是一切社会存在和发展的最基本条件。任何社会的一切财富，都是人们从事生产活动的结果，是人类劳动与自然界相结合的产物。没有农业劳动，就没有农业的存在与发展，也就没有整个国民经济或社会存在与发展的基础，因此农业劳动是农业乃至整个国民经济和社会存在与发展的基础。农业劳动在农业中的重要作用，还表现在农业劳动具有能动性，即它是在农业生产力各要素中唯一具有活力的要素。农业劳动者的劳动能力随着科学技术的发展和对自然、经济规律认识的加深而不断提高，而且正是农业劳动能力的不断提高，才使农业和国民经济得到了迅速发展，自然界为社会提供的物质财富急剧增加。重视劳动力在农业发展中的重要作用，对中国来说具有特别重要的现实意义。中国农业劳动力规模巨大，而劳动力既是重要的生产要素又是消费者，只有充分、合理地利用好农业劳动力资源，才能促进农业的更快发展，否则就会影响农业甚至整个国民经济的发展。

农业劳动力的配置主要由供给和需求决定。从农业劳动力的供给侧来说，农业劳动力的供给资源主要来自农村人口资源。人口资源的状况主要是由社会、经济、文化和历史传统等综合状况决定的。农村社会的综合状况与城市社会相比，存在着极为鲜明的差异，促使农业劳动力的供给有其自身明显的特点。农业劳动力供给的决定因素，主要有农村人口及其结构、农业劳动的经济收益、农业劳动力的素质等。从农业劳动力需求角度来讲，劳动力需求包括对农业劳动力的数量需求和质量需求两个方面。前者是指农业部门维持再生产所必需的农业劳动力数量，后者是指农业部门维持再生产对农业劳动力文化、技能及健康等达到一定素质水平的要求。农业劳动力的需求主要受到农业自然资源的状况、社会人口和经济状况、政府政策等因素的影响。

(三) 农业资金

农业资金有广义和狭义之分。狭义的农业资金是指社会各投资主体投入农业的各种货币资金。广义的农业资金是指国家、个人或社会其他部门投入农业领域的各种货币资金、实物资本和无形资产，以及在农业生产经营过程中形成的各种流动资产、固定资产和其他资产的总和。广义的农业资金实际上就是用于农业生产经营的各种财物和资源的总和，并且总是以一定的货币、财产或其他权利的形式存在。在既定的农业资金条件下，农业生产经营者可以根据技术条件和各种资金要素的相对价格，以成本最小化或利润最大化为目标，选择最优的生产要素和产品组合进行生产。在所有的资金形式中，最重要的是货币资金。在市场经济中，货币资金高流动性的特点可以使其很容易地转化为任何其他形式的资金，因此，货币资金成为农业资金研究的重点。

农业资金涉及的范围很广，对农业资金概念的理解必须抓住农业资金的本质特征。农业资金除了有一般资金的特征（流动性、多功能性、收益性）外，还包括低收益性、外部性、政策性等特征。按农业资金的来源（或投资主体）进行分类，农业资金包括农户资金、农业财政资金、农业信贷资金、企业或其他经济组织投入的农业资金、国外农业资金；按农业资金服务的对象进行分类，农业资金包括农业生产资金、农业产品销售资金、农业基础设施资金、农业科研及推广资金、农业公共服务资金；按农业资金投入领域的性质分类，农业资金包括用于农业私人产品的农业资金、用于农业公共产品的农业资金。

尽管农业投入带来的回报率甚小，但是如果没有其他的选择机会，机会成本完全就不存在，这就是为什么越是贫穷的地区，农户农业投资的程度较之于经济发达地区的农户投资更为积极。在劳动力要素层面，由于固有的户籍制度存在，农户长期被拴在农业产业部门内，伴随着农村经济发展和国家城镇化进程的推进，劳动力要素市场相对流动性提高后，农户面临的就业选择也发生了变化，出现了农业生产与非农业生产两个选项。面对不同的选项，农户不同的就业选择带来的机会成本也是不一样的。至今，农村留守老人、留守儿童等现象普遍存在，究其原因，在于农户从事农业生产的机会成本较大，所以在工业化进程的中后期阶段，农户更偏好于从事非农就业选择。由此带来的对农业生产的资本要素投入则会降低到仅仅维持生活需要的水平。

因此，为了提高农业资金在农业生产中的配置效率，需要积极引导资金投入农业，实现农业资本的形成和积累，改善和提高农业资本配置效率，加快推进农业产业发展和农村经济增长。为此，需要从以下五个方面着手，搭建一个社会资金投入农业、农业资本优化配置、农业产业均衡发展的系统工程：一是重塑农业产业的市场地位；二是注重政府投资的双重性功能；三是推动农村金融服务功能的回归；四是调动农户投资的意愿；五是构建区域一体化资金投入机制。

(四) 农业科技

农业科技，主要是指与农业相关的科学技术。从狩猎到养殖，从采摘野果到种植工作，离不开劳动人民在生产中的探索和研究。今天，农业的进步与发展更需要科技的支撑。农业科技促使农业生产模式不断变化，如：由"平面式"向"立体式"发展、由"自然式"向"设施式"发展、由"常规式"向"生态式"发展、由"单向式"向"综合式"发展、由"机械式"向"自动式"发展、由"化学式"向"生物式"发展等。

农业发展离不开农业科技的发展，特别是农业技术创新。狭义上讲，农业技术创新是指农业技术成果的创新和发明；广义上讲，农业技术创新是在农业生产体系中引入新的动、植物品种或生产方法，以实现农业生产要素重新组合和生产效率提高的一系列行为。农业技术创新主要包括农业生产和管理中的新品种或新方法的研究开发、试验、推广、应用和扩散等一系列相关联的技术应用过程。农业技术创新的主体主要包括政府、农民、农业科研机构和高等农业院校、农业科技企业、农业技术推广和服务机构。农业技术创新的特点主要有：技术创新的公共产品特征，技术创新周期长、不确定性大，技术创新的阶段性特征。

农业创新的分类有多重标准：按创新的对象不同，可分为种质创新、产品创新和方法创新；按创新的性质不同，可分为农业硬技术创新、软技术创新和软硬混合技术创新；按创新的方式不同，可分为突变性创新和渐进性创新；按技术创新的阶段不同，可分为科研成果创新、开发成果创新和推广应用创新；按技术创新的动力不同，可分为以经验为基础的创新和以科学理论为依据的创新。

农业技术资源的优化配置是指农业技术资源在各种可能的用途之间做出选择，以获取最佳效率和效益的过程。我国农业技术资源的优化配置，一方面要充分发挥政府、企业两种主体和计划、市场两种配置方式的作用，以实现长短结合和优势互补，防止政府失灵和市场失灵；另一方面要坚持以市场化配置改革取向为基础。对于政府在农业技术配置的角色，一是要发挥政府在技术资源配置领域的导向和保障作用；二是要依托小城镇和科技园区建设，增强农业技术资源的聚集能力和扩散能力；三是要加快体制改革，构建以刺激农业技术供给与需求为主要内容的双向激励机制；四是要有效利用计划和市场两种手段，合理配置农业技术和人才资源；五是要构建快捷、高效的农业技术风险防范机制。另外，采取市场配置方式更有利于农业技术的创新和转移，实现农业技术的市场化配置，需从供给、需求和中介三个方面进行构架。

五、农业经济及其结构

农业经济是以农业为主，以自然力为依托，生产不必经过深度加工就可消费的产品或工业原料的经济形式。其范围各国不尽相同，一般包括农业、林业、渔业、畜牧业和采集业。农业经济一直持续了几千年，最初农业经济采用的是原始技术，使用的是犁、锄、刀、斧等手工生产工具和马车、木船等交通运输工具，主要从事农业生产，辅以手工业。在这几千年中，尽管科学技术有所发展、生产工具不断改进，但在工业革命之前，这种生产格局没有改变。随着产业分工的逐渐深化，农业经济作为第一产业，对整个国民经济起到基础性支柱作用。作为一个经济类型，农业经济的结构也在不断演化。

所谓农业经济结构，是指农业经济中诸要素、诸方面的构成情况与数量比例。农业经济结构主要包括农业经济关系结构与农业生产力结构。前者包括经济形式结构和再生产过程中的生产、分配、交换、消费关系结构；后者包括农业部门结构、农业技术结构、农业区域结构等。此外，农业经济结构按集约化程度划分为粗放型结构与密集型结构等；按照商品化程度划分为自给型结构、半自给型结构、商品型结构等。上述各种农业经济结构内部还可细分，如农业区域结构既可分为种植业区、林业区、牧业区、渔业区等经济结构，又可按地貌形态划分为山地、丘陵、高原、平原、盆地等农业经济结构。农业经济结构是一个多类型、多层次的经济网络结构，其形成和发展主要取决于社会生产方式，同时受资源条件、社会需要等因素的制约和影响。

农业产业的可持续发展，需要有一个合理的农业经济结构。在考察农业经济结构时，需要了解农业总产值中农（种植业）、林、牧、副、渔业各生产部门的组成情况，一般用农、林、牧、副、渔各业在农业总产值中的比重来表示。判断农业经济结构是否合理，需要把自然因素和社会因素结合起来，包括：资源是否得到充分的合理利用，经营体制是否适应生产力发展的水平，经济效果如何，产品是否适应社会需要，有关经济政策是否能够促进生产的发展等。具体来讲，合理的农业经济结构须达到以下要求：首先，发挥比较优势。充分、合理地发挥当地自然资源、劳动力、技术等方面的优势，扬长避短，趋利避害。其次，保障粮食安全。使粮食与经济作物，农业与林、牧、副、渔各业互相配合，互相促进，协调发展，形成良性循环。最后，注重经济效益。从宏观经济和微观经济两方面看，都能够取得最佳的经济效果，不能只看产量高低、产值大小，还要考虑土地生产率、投资效益率、劳动生产率等指标。

六、农业经济学定义

农业经济学是运用经济学的基本原理，在土地、劳动力、资金、技术、信息等稀缺资源的约束条件下，研究农产品供给与需求、要素价格与市场、微观组织、宏观政策等内容的部门经济学科。其内容包括农业中生产关系发展变化、生产力诸要素的合理组织与开发利用的规律及应用等。

在社会主义条件下，农业经济学的研究和应用对于系统阐明社会主义农业制度的发生、发展规律，以便正确地进行农业的社会主义改造和社会主义建设，对于合理利用农业资源和科学技术成果，对于加速发展社会主义农业生产，以及加强对农业经济活动的宏观和微观管理等，都具有重要意义。

农业改革一直是各国关注的重点，也是我国经济改革的主要领域，我国成功的农业改革为经济的持续增长奠定了基础。因此，在新常态下，如何更好地对农业进行新一轮的改革，促进现代农业发展，推动经济新一轮增长，也是中国农业经济研究的重要内容。另外，农业技术的快速发展，一方面为世界经济和人口的快速增长奠定了基础；另一方面，技术进步带来的农业生产集约化和专业化，也极大地影响了农村社会和环境，环境保护与"绿色"关切日益受到公众的关注，并不断凸显在政治议程上，成为具有重大吸引力的农业经济研究新领域。

第二节　农业产业结构与布局

一、农村产业结构

（一）农村产业结构的概念

产业结构一般是指一个国家或地区社会分工体系中，各种产业之间的分类组合状况和各部门之间的比例关系与相互联系。

农村产业结构是指一定时期内农村地域各个产业部门之间、各产业内部之间的比例关系与相互联系。具体地说，农村产业结构指农村中的第一产业农业（种植业、林业、牧业、渔业），第二产业的工业、建筑业及第三产业（交通运输业、商业、饮食业、金融业、旅游业、信息业等服务业）在农村经济中的组成和比重。它通常以各业总产值或增加值的构成及劳动力在各业的分布等指标予以反映。

在我国农村产业中，非农产业产值不断增大，其中工业比重最大，这是农村经济全面发展的重要标志，也是中国工业化的重要特色。农村建筑业是非农产业的重要组成部分，交通运输业是农村商品化、市场化的需要，也是农民易于进入的产业，商业、饮食服务业是农村传统的行业，信息业、旅游业正在农村兴起，日益成为农村经济的重要组成部分。

任何一个国家和地区的农村产业结构都不是一成不变的，不同的农村产业结构，具有不同的社会效益、经济效益和生态效益，合理的农村产业结构可实现三者的最佳结合。因此，根据社会经济技术发展的要求，不断优化农村产业结构，使农村各产业及内部各部门间保持合理的结构比例，有利于助推农村经济发展。

（二）农村产业结构的特征

由于自然、经济、社会条件的不同，农村产业结构在不同时期、不同地区、不同国家都会有所不同，但从根本而言，农村产业结构呈现出如下特征。

1. 基础性

农村是由社会、经济、生态交错组成的大系统，农村产业系统则是决定其经济功能的主要子系统，它决定并反映农村经济发展水平，并在一定程度上反映一个地区甚至国家的社会经济发展状况。

2. 系统性

农村产业结构是一个系统概念，农业、农村工业、建筑业等物质生产部门及交通运输、商业、金融、信息、旅游和服务业等非物质生产部门相互依存、相互制约。农业是基础，现代农业的发展依赖于工业的发展；农业和工业的迅速发展又要依赖于为其提供产前、产中、产后服务的第三产业的进一步发展，而第三产业的发展又以第一、二产业的发展为条件，从而三者构成了相互依存、不可分割的农村产业系统。

3. 地域性

农村作为一个空间地域性的概念，其具有的各种自然资源、地理位置总是存在着地区差异性，因而各地区三次产业的发展、数量比重与结合方式也总存在地区差异性，进而带来农村产业结构的地域差异。

4. 不平衡性

农村产业的发展受自然、社会等多重因素影响，又与农村经济、政治、文化条件相联系，从而导致各地区农村经济发展水平不同，也使产业结构呈现出不平衡性。

（三）农村产业结构的影响因素

1. 生产力水平

生产力水平是决定农村产业结构的最主要因素。生产力水平决定社会分工和专业化程度，从而决定着农村产业的部门和层次结构。生产力水平低，没有充分的分工分业，也就不可能有农村生产的专业化和社会化，因而农村产业结构必然比较简单。同时，生产力水平决定人们开发和利用自然资源的程度，随着生产力的不断提高、技术的不断进步，能够有条件充分发挥自然资源和经济资源优势，使农村产业向着专业化的商品经济发展并使其结构不断优化。如农业中使用机器以后，不但可以向农业生产的广度和深度进军，而且可以释放出更多农业劳动力，发展农村第二、三产业。

2. 资源条件

自然资源条件和经济资源条件是形成农村产业结构的物质基础。就我国农村地区而言，各种资源的分布是不平衡的，产业结构和农业生产水平与当地的气温、雨量、光照、地形、土质等自然条件关系密切，也直接或间接地影响农村其他产业的发展。劳动力、资金、技术、交通等经济资源的优劣，决定了农村对市场、信息、资金、物资等利用程度的不同，从而使农村各产业的形成和发展存在差别。

3. 人口及其消费结构

人口及其消费结构是影响农村产业结构的重要因素。人既是生产者又是消费者，个人消费结构首先取决于人均收入水平，随着人均收入的增加，个人用于吃、穿、住、行的支出结构将发生变化，农村消费会由自给型向商品型转变，由雷同型向多样型转变。消费结构的这种转变，不仅影响农村产业结构的调整，还将影响整个国民经济结构的变化。

4. 国内外贸易

国内外贸易是影响农村产业结构的外在因素。在开放型的农村经济系统中，生产力发展水平和资源条件只决定有可能建立什么样的农村产业结构，而社会对产品的需求，却决定着需要建立什么样的农村产业结构。为保证农村经济系统的高效运行，获得最大的比较效益，必须根据不断变化的国内外市场需求，特别是在对国内外市场进行科学预测的基础上调整农村产业结构。

5. 经济制度、经济政策及农村经济管理水平

经济制度、经济政策及农村经济管理水平对农村产业结构的形成有重要影响。经济制度反映不同阶级的利益，如社会主义国家经济制度、经济政策的根本目的在于促进经济发展、为广大人民利益服务。同时，不同的经济政策如农产品价格、税收、信贷政策等也会影响农村产业结构；此外，农村经济管理（如经营决策、经营计划、组织形式等）水平的高低对农村产业结构的合理程度也有较大影响。

二、农业产业结构

（一）农业产业结构的概念

农业产业结构通常称之为农业生产结构，简称为农业结构，指一个国家、地区或农业企业的产业，各部门之间和各部门内部的组成及其相互之间的比例关系。它是农业资源配置中的一个基本问题，也是农业生产力诸因素如何恰当结合的基本问题，其合理与否直接影响着农业甚至整个国民经济的发展。

农业产业结构具有量和质的规定性，它不仅要从投入和产出的角度反映农业各组成部分之间在数量上的比例关系及其变化趋势，还要反映各组成部分怎样相互结合，它们在生产结构中的主从地位、依存关系、相互作用以及生产结构在内部各要素和外部环境作用下的运动规律等。

广义的农业包括农业（种植业）、林业、畜牧业和渔业，这四业的构成和比例关系是农业的基本结构，也称一级结构。农、林、牧、渔业全面、协调发展有助于充分利用农业自然资源，保持自然界生态平衡，使整个农业持续、稳定、健康发展。但是，农业结构受需求、自然条件、生产力水平等多因素影响，各业发展速度不同，所占比重也不断变化。

狭义的农业结构专指种植业结构。种植业包括粮食作物、经济作物和饲料作物的生产，其结构合理与否，对改善人民生活、促进轻工业发展有重要意义。粮食是保证人民基

本生活和国家建设的最重要物质资料，在农业生产中有特殊重要的地位；经济作物包括棉花、油料、糖料、麻类、烟叶、茶叶、水果、药材等，其满足轻工业原料和人们生活多样化的需求；畜牧业的迅速发展也使得以各类牧草为主的饲料作物种植增加。

（二）农业产业结构的内容

农业产业结构所包括的产业，通常是由一个国家的农业概念所决定，但都具有多层次性。

我国农业统计中不再包括副业，而是将采集野生植物、捕猎野兽野禽分别列到种植业、畜牧业中，农民家庭在农业内部又包括产品性质和生产特点不同的各种产业类别，如在农业（种植业）中包括粮食、棉花、油料、糖料、蔬菜、水果等；在林业中包括用材林、经济林、防护林、林下特产等；在畜牧业中包括养猪业、养牛业、养禽业等；渔业中包括养殖业与捕捞业等。这些产业的比例关系与结合方式，构成了农业产业的二级结构。二级产业内部又可以根据产品种类和经济用途分为若干类别，如粮食可以分为水稻、玉米、小麦等；养牛可以分为奶牛、肉牛等，依此类推，构成了农业产业的三级结构。随着产业分工的发展，农业产业有日益细化趋势，构成了农业产业的四级甚至五级结构。

多种多样的农业产业结构受一定条件的影响，随着时间、空间条件的变化，农业产业结构也会发生变化。农业产业结构量的变化可通过农业总产值或增加值、农业商品产值、土地利用、农业劳动力利用、农业资金利用等结构反映。

（三）农业产业结构的形成条件

1. 生产力水平是农业产业结构形成和发展的主要条件

不同的农业产业结构是一定时期生产力水平提高到不同程度的产物。人类历史证明，生产力的发展进程决定产业结构的发展进程。农业时代，从原始农业到传统农业转变，农业与畜牧业、手工业、商业的分离，但粮食生产依然是主要的产业部门，而生产规模狭小、产量低、自给自足是最明显的时代特征。工业时代，农业工业化成为最主要的产业结构特征。

2. 需求是农业产业结构形成和发展的前提条件

现实生活中存在着两种消费需求，一是生活资料消费，即人们为了生存、繁衍后代而产生的商品需求；二是生产资料消费需求，即工农业生产者为了保证生产的不断进行而产生的商品需求。市场经济条件下，产品只有适应需求进入消费，才能成为现实产品，需求成为生产的导向与产业增长的动力，从而成为产业结构形成和发展的前提条件，需求的多样性也促进了农业产业结构的多样性。

3. 地理环境是农业产业结构形成和发展的基础条件

地理环境包括地形、地貌、气候、河流、土壤、植被等自然要素，它们相互联系、相互制约，形成一个有机整体。地理环境中资源的组成特点、时空分布及其功能在一定程度上制约和决定了各产业的内部结构和外部联系，决定了产业结构模式在地域上的差异性。

4. 劳动力是农业产业结构形成和发展的内在条件

产业结构发展的过程离不开劳动过程的三要素：劳动力、劳动对象和劳动资料。其中劳动力因素起主导作用，没有人的参与，没有劳动力素质的提高，就没有产业层次的提高。劳动力的数量和质量，对第二、第三产业的发展规模和结构有重要意义，劳动力的合理比例、劳动力利用率的提高对产业结构合理化有重要作用。

5. 资金是农业产业结构形成和发展的保障条件

产业结构的更新、完善和发展过程，实际上是各种生产要素重新组合的过程。有了一定数量的资金才能使各种生产要素增加活性，促进分工和专业化，形成新的生产力，改善产业结构。产业结构的发展规模和速度，很大程度上取决于资金的分配规律和增长速度。

6. 科学技术是农业产业结构形成和发展的动力条件

科学技术是生产力发展的源泉和动力。科学技术为提高各产业生产要素的功能和协作程度提供了依据和保证；科学技术进步加快了旧产业部门的改造和新产业部门的建立，促使产业新格局的实现。改革开放以来，中国的国民经济发展和科学技术的结合，有了很大进展，科学技术正越来越有效地转化为生产力。可以预见，科学技术作为独立的知识产业，对产业结构的介入程度越深越快，产业新格局实现得就越早。

除上述条件外，经济政策如金融、财政、价格、劳动等政策，对农业产业结构的形成和发展也有着不可忽视的作用。

（四）农业产业结构发展的规律性

1. 农业产业结构演变

在农业产业结构变化过程中，一般会经历如下发展阶段。

（1）结构变革起步阶段

从传统产业结构向现代产业结构转变，表现为以粮食为主的农业结构转向粮食和多种经营相结合的结构。粮食比重下降，非粮食的多种产业比重上升，专业化生产开始形成，农产品商品量和商品率上升，农民逐渐以市场为导向进行产业选择。

（2）结构改革发展阶段

农业产业结构形成了以粮食为基础、专业化生产为主的产业结构，各国、各地区、各企业的农业产业结构已大不相同。农业产业内部的分工分业日益强化，农业已经基本商品化，市场调节着资源在各产业的配置。

（3）结构改革高级阶段

主要标志是农业市场化条件下高效益的产业结构已经形成，农业专业化生产已占主导地位，优质农产品的比重大幅度上升，特别是高科技农业产业化的比重日益上升，农业的功能得到拓展，现代农业的产业结构已确立。

农业产业结构的量变积累到一定程度，会发生质的变化，或叫产业结构升级。

2. 农业结构变动的趋势

根据世界农业发展经验，农业的基本结构变动的趋势是：种植业比重下降，但其生产力水平日益提高；畜牧业比重逐渐提高；林业日益成为农业的重要部门，但主要以生态功能为主；渔业越来越受到重视，成为食品的重要来源。

种植业结构变动的客观趋势是：在粮食生产水平不断提高、粮食产量稳定增加的前提下，经济作物、饲料作物比重稳步上升。我国近年的农业产业结构演变基本符合这一趋势。

农业各部门之间的相互关系存在两个规律：一是农业生产的专业化与一定程度的多种经营结合在一起；二是专业化与多种经营的发展速度在很大程度上取决于粮食发展水平。通过各地区、各生产单位充分发挥各自优势形成各具特色的农业生产专业化，进而实现全国范围的多种经营全面发展；同时，在一个地区或生产单位中，通过主导产业与辅助产业的合理搭配，实现一业为主的专业化与多种经营的结合。但是，一个国家或地区能否实现农业的专业化和多产业经营，一般来说要取决于其粮食的供给能力。

3. 农业产业结构变化的影响因素

一个国家、地区、农业产业结构的形成和变化受许多因素制约。影响农业产业结构形成的因素有：自然资源，包括气候、土壤、水源、地形地貌等；经济发展水平，特别是人们对农产品的需求，包括数量和质量要求；人口的变化，包括人口总量和城乡结构等的变动；粮食的供求状况，及其对农业布局的制约情况；交通、运输、加工、商业等因素；农业经营的体制；历史上已经形成的产业结构及其特点；农业科学技术的发展和应用情况。

以上各种因素会在不同程度上引起调整农业产业结构的要求，这些要求将通过市场供求状况、农产品价格变动等来反映，这就是农业产业结构调整的市场导向。但从长远来看，农业产业结构归根结底是由社会生产力发展水平所决定，是一定社会生产力发展水平的结果。

从宏观农业产业结构演变可以看出一些规律。

（1）农业宏观产业结构变化的动力是人的社会需求和生产力的发展，特别是科学技术的进步和劳动者素质的提高。

（2）农业宏观产业结构的变化方向是产业链变长、产业之间的联结更紧密，投入更大、更科学，并且智能投入越来越多。

（3）农业宏观产业结构决定农业所处的发展阶段，决定土地的人口承载力。

（五）农业产业结构调整

1. 农业产业结构调整的意义

农业产业结构的调整对于农业生产的发展和整个国民经济的发展都具有十分重要的意义。科学合理的农业产业结构调整有利于包括土地、资金、劳动力等在内的各类农业资源的合理利用；有利于农业内部各部门和项目之间的物质能量相互转化；有利于国民经济的发展对各种农产品的需求能按比例得到满足。

2. 农业产业结构调整的原则

由于各个国家、地区或企业所面临的自然、社会、经济、技术条件差异，市场供需状况不同，不可能构建一个适合于一切地区的农业生产结构模式。在进行农业生产结构调整时，应从整体上认识、评价农业生产结构的合理性。一般说来，农业产业结构调整应坚持"四统一"原则。

（1）专业生产与综合经营相统一

农业生产专业化是现代农业发展的基本趋势，农业生产结构应当适应这种趋势，逐步改变"小而全"的生产结构，重点发展最适合当地自然、经济、社会和技术条件的农业生产门类和项目，以充分发挥自身优势。然而农业自然条件具有多样性，农业生产周期长且具有季节性，由此决定了一个地区的农业生产结构不能过于单一，在重点安排专业化生产项目的同时，还要安排好适合当地其他生产项目，实行专业化生产与综合经营相统一，使农业生产资源在空间和时间上都得以合理配置。

（2）资源的利用率与利用效率相统一

对农业生产资源的利用，不仅要从实用价值的角度考虑其利用率，还要从价值的角度考虑其利用效率。因此，在对农业生产结构进行定量考察时，既要注意考察土地、劳动力、机械、资金等生产要素的利用率，使其得到充分的利用，避免生产要素的闲置和浪费；又要重点分析劳动生产力、单位面积产量、产品成本、资金利润率等价值指标，力求使农业生产资源的利用效率最大化。

（3）经济效益与生态效益相统一

合理的农业生产结构要求建立一个高效的农业生产系统，使一定的投入获得最大的产出；同时要求建立一个良好的农业生态系统，不断改善区域内的生态环境，提高农业生态系统对物质能量的转换率和转换效率。只有将农业经济效益与生态效益统一起来，才能保持农业生产结构的良性循环。

（4）局部利益与全局利益相统一

在调整和优化农业生产结构的过程中，往往会遇到局部利益与全局利益的某些矛盾，对此，应本着统筹兼顾的原则妥善解决，尽量实现二者利益的统一。片面强调一方利益、忽视或牺牲另一方利益的农业生产结构都是不可取的。

3. 农业产业结构调整的方向与重点

新中国成立以来，我国农业一直不断在调整、发展中优化产业结构。

（1）农产品品种结构的调整

这是农业结构调整的重要一环，实践证明，粮、棉、油等大宗传统农产品在农业经济中占有重要地位，就大范围地域看，无论农业产业结构如何调整，大宗农产品都将保持相当比重的面积，只有做好大宗农产品品种结构的调整，实现良种化、优质化，才能在市场竞争中具有较强的经济优势。随着人民生活水平和膳食结构的变化，应构建适应市场需求的农产品品种结构。

①主要粮食作物品种结构调整

守住"谷物基本自给、口粮绝对安全"的底线，重点是保口粮、保谷物。口粮重点发展水稻和小麦生产，优化玉米结构，因地制宜发展食用大豆、薯类和杂粮杂豆。具体而言，水稻方面，一是实行稳面积与提品质并举，即巩固北方粳稻产区，稳定南方双季稻生产，扩大优质稻种植面积，促进提质增效；二是杂交稻与常规稻并重，即发挥我国杂交水稻育种技术优势，加快选育高产优质高抗杂交稻新品种，稳定杂交稻面积，促进单产提高、品质提升。利用现代育种技术，加快常规稻品种提纯复壮，降低用种成本，发挥常规稻品质优势，提升种植效益。小麦方面，一是实行稳定冬小麦、恢复春小麦，稳定黄淮海、长江中下游等主产区冬小麦，建立合理轮作体系，在东北冷凉地区、内蒙古河套地区、新疆天山北部地区等，适当恢复春小麦；二是抓两头、带中间，"抓两头"即大力发展市场紧缺的用于加工面包的优质强筋小麦和加工饼干蛋糕的优质弱筋小麦；"带中间"

即带动用于加工馒头、面条的中筋或中强筋小麦品质提升。玉米方面，一是实行调减籽粒玉米，巩固提升玉米优势区，适当调减非优势区，大力推广适合籽粒机收品种，推进全程机械化生产；二是扩大青贮玉米，根据以养带种、以种促养的要求，因地制宜发展青贮玉米，提供优质饲料来源，就地过腹转化增值；三是适当发展鲜食玉米，适应居民消费升级的需要，扩大鲜食玉米种植，为居民提供营养健康的膳食纤维和果蔬。大豆方面，一是实行粮豆轮作、恢复面积，在东北地区推广玉米大豆轮作模式，在黄淮海地区推广玉米大豆轮作、麦豆一年两熟或玉米大豆间套作，适当恢复大豆种植面积；二是改善品质、提高效益，根据我国居民的饮食习惯和大豆市场供求现状，东北地区扩大优质食用大豆面积，稳定油用大豆面积，黄淮海地区以优质高蛋白食用大豆为重点，适当恢复面积；三是实现国产大豆与国外高油大豆的错位竞争，满足国民对健康植物蛋白的消费需求。薯类杂粮方面，一是实行扩大面积、优化结构，适当调减"镰刀弯"地区玉米面积，改种耐旱耐瘠薄的薯类、杂粮杂豆，满足市场需求，保护生态环境；二是加工转化、提质增效，按照"营养指导消费、消费引导生产"的要求，开发薯类杂粮营养健康、药食同源的多功能性，广泛应用于主食产品开发、酿酒酿造、营养保健、精深加工等领域，推进规模种植和产销衔接，实现加工转化增值，带动农民增产增收。

②经济作物品种结构调整

棉花方面，一是稳定面积，在已有的西北内陆棉区、黄河流域棉区、长江流域棉区"三足鼎立"的格局下，提升新疆棉区，巩固沿海沿江沿黄环湖盐碱滩涂棉区；二是双提增效，着力提高单产、提升品质、增加效益，加快选育耐盐碱、抗性强、宜机收的高产棉花品种，集成配套棉花生产机械移栽收获等技术；三是解决棉花"三丝"等异性纤维与机收杂质、纤维长度和强度降低等品质问题，实现提质增效。

油料作物方面，一是以两油为主，重点发展油菜和花生生产，稳定长江流域油菜、花生面积和黄淮海花生面积，因地制宜扩大东北农牧交错区花生面积；二是多油并举，因地制宜发展耐旱耐盐碱耐瘠薄的油葵、芝麻、胡麻等小宗油料作物，积极发展高油玉米，在适宜地区示范推广油用牡丹、油莎豆等，增加新油源；三是充分利用棉籽、米糠等原料，开发食用植物油。

糖料作物方面，一是稳定面积，完善甘蔗价格形成机制，集成配套以机械收割等为主的节本增效技术，调动农民种植甘蔗积极性，重点是稳定广西、云南等优势产区，适当调减不具备比较优势的甘蔗产区；二是双提双增，着力提高单产、提高含糖率、增加产量、增加效益，选育高产高糖抗逆及适宜机械收割的新品种，推广甘蔗脱毒健康种苗，集成配套轻简高效栽培技术模式，提高单产与效益。

蔬菜方面，一是稳定面积，统筹蔬菜优势产区和大中城市"菜园子"生产，巩固提升北方设施蔬菜生产，稳定蔬菜种植面积；二是保质增效，重点是推广节水环保和绿色防控等技术，建立系统完整的从田间到餐桌产品质量追溯体系，确保蔬菜产品质量安全；三是提升设施农业的防护能力，推广肥水一体和小型作业机械，因地制宜推广智能监控和"互联网+"等现代技术，实现节本增效、均衡供应；四是统筹南菜北运蔬菜基地和北方设施蔬菜生产，发展春提早、秋延后与越冬蔬菜生产；五是完善流通设施，加强产地冷链建设，着力解决蔬菜供应时空分布不均的矛盾，实现周年均衡供应。

③饲料作物品种结构调整

以饲草与畜牧养殖协调发展为目标调整饲料作物结构，发展生物产量高、蛋白质含量高、粗纤维含量低的苜蓿和青贮玉米，以养带种；根据养殖生产的布局和规模，因地制宜发展青贮玉米等优质饲草饲料，逐步建立粮经饲三元结构，在北方地区重点发展优质苜蓿、青贮玉米、饲用燕麦等饲草，南方地区重点发展黑麦草、三叶草、狼尾草、饲用油菜、饲用苎麻、饲用桑叶等。

④林产品品种结构调整

加快木本粮油产业发展，推进油茶、核桃等木本粮油高产稳产基地建设；发展林木种苗、花卉、竹藤、生物药材、木本调料等基地，推进布局区域化、栽培品种化、生产标准化、经营产业化；发展林下经济，增加生态资源和林地产出。

⑤畜禽品种结构调整

生猪生产保持稳定略增，猪肉保持基本自给，规模比重稳步提高，推行标准化屠宰和质量安全风险分级管理，实现养殖到屠宰全程可追溯；奶类、牛肉、羊肉、禽肉等草食畜产品产能和质量水平稳定增长，市场供应基本保障，推进品种改良和生产性能测定，发展规模化养殖，强化产品质量安全监管。加强奶源基地建设，提高国产乳品质量和品牌影响力。

⑥水产品品种结构调整

以保护资源和减量增收为重点，合理确定湖泊和水库等公共水域养殖规模，稳定池塘养殖，推进稻田综合种养和低洼盐碱地养殖；大力发展鲤科鱼类养殖，重视水产品质量安全与肉质、口感，通过提高品质降低对野生资源的捕捞压力；明确重点保护物种，重视水电工程、航道建设对水生生物资源的影响；区别对待中高端、大众化低端产品，延伸水产品可追溯体系，满足消费者对优质动物蛋白的需求。

（2）农业内部及各部门之间的结构调整

农业各部门之间的产业结构调整，主要是在合理利用农业资源的前提下，按照资源的适宜性，宜农则农、宜林则林、宜牧则牧、宜渔则渔。在农业供给侧结构性调整背景下，农业产业结构调整的关键是如何促进农、林、牧、渔各业转变发展方式，实现转型升级、提升产业效益。

①种植业结构调整

以"两保"（保口粮、保谷物）、"三稳"（稳定棉花、食用植物油、食糖自给水平）、"两协调"（蔬菜生产与需求协调发展、饲草生产与畜牧养殖协调发展）为目标构建粮经饲协调发展的三元结构。以关联产业升级转型为契机，推进农牧结合，发展农产品加工业，扩展农业多功能，实现一、二、三产业融合发展，提升种植业效益；根据资源禀赋及区域差异，发展适销对路的优质品种，优化区域布局，发挥比较优势，巩固提升优势区，适当调减非优势区；推进种植业科技创新和机制创新，提升科技水平、装备保障能力，培育新型农业经营主体和新型农业服务主体，发展适度规模经营，提升集约化水平和组织化程度；坚持生态保护，推进化肥农药减量增效，建立耕地轮作制度，实现用地养地结合，促进资源永续利用、生产生态协调发展；在保障国家粮食安全底线的前提下，保持部分短缺品种的适度进口，引导国内企业参与国际产能合作，提升我国农业国际竞争力和全球影响力。

②林业结构调整

深入实施以生态建设为主的林业发展战略，以维护森林生态安全为主攻方向，在森林覆盖率和蓄积量的约束性指标要求下，积极开展新一轮退耕还林还草项目，在符合条件的25°以上坡耕地、严重沙化耕地和重要水源地15°～25°坡耕地，在农民自愿的前提下植树种草，按照适地适树的原则，发展木本粮油；开展石漠化治理项目，通过封山育林育草、人工造林和草地建设，建设和改造坡耕地，配套相应水利水保设施，控制人为因素产生新的石漠化现象；开展湿地保护项目，通过退耕还湿、湿地植被恢复、栖息地修复、生态补水等措施，对已垦湿地以及周边退化湿地进行治理；实施木本粮油建设工程和林业特色产业工程，发展林下经济；提供更多优质的生态产品，不断提高森林、湿地、荒漠、生物多样性等生态服务价值和公共服务能力，保障国家生态安全，增强减缓和适应气候变化能力。

③畜牧业结构调整

统筹考虑种养规模和资源环境承载力，推进以生猪和草食畜牧业为重点的畜牧业结构调整，形成以规模化生产、集约化经营为主导的产业发展格局。突出以养代种、种养结合、草畜配套，在污染严重的生猪、奶牛、肉牛养殖密集区，按照干湿分离、雨污分流、种养结合，建设一批畜禽粪污原地收集储存转运、固体粪便集中堆肥、污水高效生物处理等设施和有机肥加工厂，形成植物生产、动物转化、微生物还原的生态循环系统；根据资源禀赋和环境承载能力，发展绿色清洁养殖，推进屠宰废弃物综合利用和无害化处理，实现产品安全、环境友好；完善生猪产业扶持政策和价格形成机制，推进畜牧业产业链和价值链建设，降低畜禽产品流通成本，发挥畜牧业"接二连三"作用，促进一、二、三产业融合发展；提升畜牧业生产能力和质量安全监管水平，充分利用"两种资源""两个市场"，调剂国内余缺，满足多元化市场需求。

④渔业产业结构调整

以"良种化、生态化、集约化、工程化"的"四化"为目标，推进水产养殖业、捕捞业、加工业、增殖业、休闲渔业等产业发展；划定渔业水域生态保护红线，在淡水渔业区，推进水产养殖污染减排，对湖泊水库的规模化养殖配备环保网箱、养殖废水废物收集处理设施；在海洋渔业区，配置海洋渔业资源调查船，建设人工鱼礁、海藻场、海草床等基础设施，发展深水网箱养殖；在水源涵养区，推进水生态修复，建立生态保护与补偿机制，构建科学合理的生态安全格局；加强饲料、渔药管理与养殖池塘改造，实现船网工具与资源环境友好，实现水产健康养殖；降低捕捞强度，减少捕捞产量，规范有序发展远洋渔业，完善远洋捕捞加工、流通、补给等产业链，建设海外渔业综合服务基地。

（3）调整和优化农村产业结构

农村第一、二、三产业之间的结构，应按"基在农业、利在农民、惠在农村"的要求，以市场需求为导向，推进全产业链与全价值链建设，构建农村一、二、三产业融合发展的结构。

①创新融合机制，激发产业融合发展动力

一是培育多元化产业融合主体，引导大中专毕业生、新型职业农民、务工经商返乡人员及各类农业服务主体兴办家庭农场、农民合作社，发展农业生产、农产品加工、流通、销售，开展休闲农业、乡村旅游等经营活动；培育农业产业化龙头企业，发展农产品加工流通、电子商务、社会化服务，带动农户和农民合作社发展适度规模经营；鼓励和支持工商资本投资现代农业，促进农商联盟等新型经营模式发展。二是发展多类型产业融合方式，鼓励家庭农场、农民合作社等主体向生产性服务业、农产品加工流通和休闲农业延伸；支持企业前延后伸建设标准化原料生产基地、发展精深加工、物流配送和市场营销体系；发展农村电子商务，推广"互联网+"发展模式，借力互联网积极打造农产品、加工产品、农业休闲旅游商品及服务的网上营销平台。三是建立多形式利益联结机制，支持企业在平等互利的基础上，与农户、家庭农场、农民合作社签订购销合同、提供贷款担保、资助农户参加农业保险，打造联合品牌，实现利益共享；鼓励发展农民股份合作，探索不同区域农用地基准地价评估，为农户土地入股或流转提供依据；健全风险防范机制，规范工商资本租赁农地行为，建立土地流转、订单农业等风险保障金制度，加强土地流转、订单合同履约监督。

②发展农村第一产业，夯实产业融合发展基础

一是发展种养结合循环农业，推进农渔、农林复合经营，围绕适合精深加工、休闲采摘的特色农产品，形成产加销结合的产业结构；推进无公害农产品、绿色食品、有机农产品和地理标志农产品等优质农产品生产，建立从农田到餐桌的农产品质量安全监管体系，提高标准化生产和监管水平。二是以农产品加工业为引领，培育、推广加工专用优良品种和技术，促进农产品加工专用原料生产，提高农产品加工专用原料生产能力。三是优化农业发展设施条件，推进高标准农田建设，加强农产品仓储物流设施建设，支持农村公共设施和人居环境改善，完善休闲农业和乡村旅游的配套设施建设。

③发展农产品加工业，增强产业融合发展带动力

一是支持农产品产地初加工，以粮食、果蔬、茶叶等主要及特色农产品的干燥、储藏、保鲜等初加工设施建设为重点，建设粮食烘储加工中心、果蔬茶加工中心等，推进初加工全链条水平提升。二是提升农产品精深加工整体水平，培育马铃薯、薯类、杂粮、预制菜肴等多元化主食产品产业集群，加强与健康、养生、养老、旅游等产业融合对接，开发功能性及特殊人群膳食相关产品。三是推动农产品及加工副产物综合利用，开展秸秆、稻壳、米糠、麦麸、饼粕、果蔬皮渣、畜禽骨血、水产品皮骨内脏等副产物梯次加工和全值高值利用，建立副产物综合利用技术体系，鼓励中小企业建立副产物收集、处理和运输的绿色通道，实现加工副产物的有效供应。

④发展农村第三产业，增强产业融合发展活力

一是发展各类专业流通服务，健全农产品产地营销体系，鼓励各类服务主体把服务网点延伸到农村社区，向全方位城乡社区服务拓展。二是积极发展电子商务等新业态新模式，推进大数据、物联网、云计算、移动互联网等新一代信息技术向农业生产、经营、加工、流通、服务领域的渗透和应用，完善农村物流、金融、仓储体系，鼓励和引导大型电商企业开展农产品电子商务业务，促进农业与互联网的深度融合。三是发展休闲农业和乡村旅游，推进农业与休闲旅游、教育文化、健康养生等深度融合，发展观光农业、体验农业、创意农业等新业态，完善大中城市周边、名胜景区周边、特色景观旅游名镇名村周边、依山傍水逐草自然生态区、民族地区、传统特色农区等的公共基础设施建设，因地制宜兴建特色农产品加工、民俗手工艺品制作和餐饮、住宿、购物、娱乐等配套服务设施，支持休闲农业产业融合。

第二章 农业经济发展的趋势

第一节 土地资源的保护

一、土地资源保护的起源与发展

（一）土地资源保护的历史起源

土地资源保护行动是伴随着土地退化现象而产生的，土地资源保护实践先于土地保护理论而出现。我国自古就有进行土地保护的朴素唯物主义思想，古代先人在满足生存的基础上，提出一些朴素的唯物的物质认识，是从土地利用的实践中产生的，并将这些朴素的认识应用到皇城、村落、城市的选址和房屋空间布局的安排。通过对于村落朝向、方位、空间位置等的选择，形成了我国特有的土地资源保护的文化模式，这种模式深深扎根于中国的文化中，使中国的文化能够在这片土地上源远流长，并形成了"万物土中生、有土斯有财"等朴素的土地保护思想。

（二）土地资源利用与保护的发展特点

1. 土地保护与土地利用相伴相生

人类在发现"万物土中生"的同时，也发现了连作会使作物的产量越来越低，并采取了各种各样的措施以保护地力。在我国表现为施粪、耕、锄、耙等一整套耕作技术，并形成了间作、套作、轮作等土地利用方式；而在西方则表现为休闲、轮作等技术，土地利用与保护相伴相生。

2. 土地保护内涵和外延不断扩大

应该说最初的土地保护，是基于人类为了生存空间而进行的，保护土地的形式是通过设置土地产权，通过产权进行土地保护；而对于具备公共资源性质的土地，不仅需要设置产权制度，还要通过土地的相关法律、制度、政策来进行耕地保护，并通过土地规划实现对土地资源的保护。

从土地保护的内涵来讲，对于私人意义的土地资源，其内涵是保护权利人的利益不受侵害；而从公共资源角度来看，土地资源的保护主要围绕土地资源的数量、质量、生态安全、景观、文化特点以及生物多样性的保护等多方面进行，土地保护的内涵和外延随着人们对土地的需求转变而产生变化。

（三）我国耕地保护历史

自从有了人类的土地利用就有了土地的保护，中华民族有着将土地利用得最好的传统，在长期的土地利用中，不仅形成了中华民族特色的农耕文化，也形成了农耕文化背景下的土地保护思想、技术和耕作方式，这些土地保护的思想和技术，使中国的土地资源呈现可持续利用的态势。我国长时期的农耕实行"精耕细作"的方式，比如在渭河谷地，经过 2000 多年的耕作，土壤依然保持了较好的肥力，就是土地持续利用最好的见证。

在夏商周时期，祖先为了能够更好地适应环境，持续地利用土地，开始了最初的土地评价方面的探索：祖先基于生存的需要，选择合适的生存空间，并能够永续地利用，形成了很多关于土地资源利用的文化，如"留与方寸土，但与子孙耕"等一些传统的土地保护的思想。

在农耕社会的发展过程中，不仅形成了关于土地保护的朴素唯物主义思想，还产生了很多的土地保护的模式，比如珠江三角洲的"桑基鱼塘"模式、云南的"哈尼梯田"模式，与此同时，也形成了适合于传统农业生产的土地耕作技术，比如有机肥施用技术、土地疏松技术等。传统的土地保护思想、模式和技术为我们现在的土地资源利用与保护提供了启示。

然而，真正意义上的耕地保护起源于 20 世纪 80 年代。

20 世纪 80 年代以来，耕地急剧减少引起各界广泛关注。建设占用大量耕地的情况更引起党和国家领导的高度重视。制止乱占滥用耕地的政策文件陆续出台，1986 年 3 月，中共中央、国务院发布《关于加强土地管理制止乱占耕地的通知》，并决定设立国家土地管理局；1986 年 6 月，全国人大发布《中华人民共和国土地管理法》，耕地保护的基本国策、法律和机构逐步形成。

为保证国家粮食安全，我国实施最严格的耕地保护制度，建立了土地用途管制政策、耕地总量动态平衡政策、耕地占补平衡政策、耕地保护目标责任政策、农用地转用审批政策、土地开发整理复垦政策、土地税费政策、耕地保护法律责任政策和基本农田保护政策等。

我国人多地少，土地开发历史长、程度高，后备耕地资源有限，耕地保护不仅是国家粮食安全保障，还是应对国际经济波动的武器，也是中国社会稳定的基石。因此，保护耕地不仅是保障耕地的数量、质量和生态环境，更为重要的是要守住中华民族赖以生存的空间。

二、土地资源保护的意义

（一）土地资源利用与保护的国家需求

1. 国家粮食安全资源保障的需要

粮食安全是指一个国家满足粮食需求以及抵御可能出现的各种不测事件的能力，其决定性因素是粮食生产及消费的能力和水平，同时和国家经济发展水平及外贸状况有着密切的联系。随着我国经济的快速发展，城市化进程加快，城市规模不断扩张，导致建设用地的大幅增加和耕地资源的不断占用。耕地面积的减少直接影响到粮食的生产和供给。

保证国家粮食安全，最根本的是保护耕地。首先，耕地提供了人类生活必需的粮、油、棉等主要农作物，而且95%以上的肉、蛋、奶产品也由耕地资源的主副产品转换而来。虽然农业科技的应用使耕地单产日益提高，但无论农业技术怎么提高，粮食生产都离不开耕地，因为粮食生产的基础是土地。

我国耕地减少的年代，粮食安全就受到威胁。即使是农业科技相当发达的国家，如美国，也十分强调对耕地的保护。因为单产的提高难增加，并且提高空间日益缩小。随着粮食安全由供应保障向健康、卫生、营养理念的转变，化肥、农药等农业科技产品的应用空间逐渐减小，边际效益不断降低。世界农业从原始农业到石油农业，再到生态农业，回到了以注重耕地等自然资源保护和综合开发利用为主要内容的可持续发展道路上。与此相对应，从无害化食品、绿色食品到有机食品，对食品的产地环境质量提出了越来越高的要求。

2. 国家生态安全的需要

耕地是一种重要的自然资源，除具有的首要功能为食物生产外，还具有生态服务、经济（金融）安全和社会稳定等多种功能。

土地资源的生态服务功能。与各种自然植被、湖泊、沼泽等类似，土地的生态系统具有重要的生态服务功能，在生物多样性的产生与维持、气候的调节、营养物质贮存与循环、环境净化与有害有毒物质的降解、自然灾害的减轻等方面发挥着重要作用。此外，耕地作为人工生态系统，由于接受了更多的物质投入，是一个物质快速循环的高生产性生态系统，其生物生产量比林木和草坪大得多；与同面积的林木和草坪相比，农作物发生光合作用吸收的二氧化碳和释放的氧气也多得多。可见，土地资源有着重要的维护生态系统安全的功能，对于满足国家生态安全的需求有着重要的作用。

3. 传统文化传承的需要

土地利用是一个历史的范畴。人类数千年生活在这片土地上，历史的记忆，精神的传承，情感和审美的方式，一切的文明和创作，都留在这个土地上。

人在土地上生存，利用土地创造了难以计数的物质财富和精神财富，土地又以不同的地貌形成了人不同的聚落，以不同的环境构成人不同的生存文化，我们今天有酒文化、茶文化，实际上土地是一个更大的概念，是包容力更强、涵盖范围更广的一个文化平台。所以从文化的意义上讲，土地对于文化传承的作用不可估量。

4. 经济安全的需要

传统的经济安全主要指国家自然资源供给及资源运输通道的安全。随着全球经济一体化的加快，经济安全的观念逐步转变，将抵御外来经济干扰的能力放在首位，并开始强调市场的稳定运行，包括市场规模的提升以及市场结构的改善等。土地作为一种稀缺资源，具有资源和资产的双重属性，并通过4个传导渠道来影响宏观经济。作为资源和要素，土地通过生态渠道和产业渠道影响宏观经济；作为资产或资本，土地通过信贷渠道和财政渠道影响宏观经济。

我们要充分发挥土地参与宏观经济调控的"闸门"作用，按照供给制约需求和节约、集约原则，在保障重大基础设施建设的前提下，对非农用地增长速度和规模加以控制。同时，还应重视建立土地资源循环经济机制，规范土地供应和开发行为，鼓励盘活存量用地，优化建设用地的配置结构，从而保障城乡经济持续健康地发展。

（二）土地资源利用与保护的关系

土地利用是人们为获得需要而对土地施加的资本、技术和劳动力等生产要素的干预过程，其具体表现在土地利用类型、方式和强度三个方面。由于土地资源的有限性和位置的固定性以及土地资源的特殊的生态过程及其影响，要保障土地资源的持续利用，必须采取一定的法律和政策以及道德等手段，对土地利用行为进行约束和规范，以保障土地资源的可持续利用。

两者之间需要达到一种均衡与协调状态，以促进土地资源的可持续利用，围绕土地利用的各个过程，两者之间既存在统一也存在对立。

土地利用改变其类型、方式和强度，对自然的土地施加了影响，改变了土地利用覆盖，从而对生态、经济以及社会各个方面产生影响，这些影响既有正面的也有负面的。正面的影响包括满足了人类获得衣食住行的需要以及文化精神的需要，在利用的同时，也由于利用方式不当，导致水土流失、土壤退化、耕地生产能力减低以及气候和水文变化等不利影响。

土地利用保护就是，运用产权、法律、政策、道德文化等对土地利用方式进行限定，以保障对土地资源的持续利用。因此，土地保护是基于对土地利用变化及其变化过程的可能影响方面做出的有关制度安排、法律保障以及思想道德的约束，并在自然条件、法律和经济条件等约束下进行的土地保护的行动。

要进行更好的土地保护，就必须研究土地利用及其变化驱动机制，分析土地利用变化过程，并对土地利用变化的可能影响进行分析，才能形成土地利用的保护方法以及相关的技术手段，保障土地资源的持续利用。

第二节　农业资源的可持续利用

农业资源，特别是农业自然资源，不仅被人为开发利用，其循环再生亦受人为干预，处于动态变化的状态。只有掌握了农业资源动态变化的规律、原因以及变化的趋势，才能拟定开发与利用农业资源的方案，农业资源的利用质量、数量才能在掌控范围内，其循环恢复状况才能在预计范围内，才能在开发与利用农业资源的过程中，保护农业资源，保证农业资源利用的长久性，使农业资源开发利用过程中的经济、资源、人口等众多元素之间平稳共同发展，才可称之为农业资源可持续利用状态。

农业资源可持续利用的特点如下。

时间性：指的是未来人们对农业资源开发与利用的状态与现在人相同，或者优于现在。显示着经过农业资源在开发与利用后质量无衰退，在时间上得以延续。

空间性：农业资源具有地域性，地域农业资源在其开发与利用的过程中，不能对其他地域农业资源造成负面影响，而地域内的一切农业资源，维持着循环平衡的相互依存关系。

效率性：农业资源开发利用过程必须"低耗高效"。农业资源可持续利用实现"低耗高效"，是以农业社会经济资源中的科学技术为基础的。在农业资源开发利用过程中，完善资源附属设施、采用先进的科学技术，以对农业资源最低的利用度，来获取最大的农产品产量，实现农业经济的高效性。

一、农业可持续利用理论基础

（一）农业生态系统理论

生态系统理论可以看作是发展的心理学，是由生态学与心理学共同组成的新生学科。生态系统理论是由发展心理学的一位重要学者——布朗芬布伦纳提出的个体发展模型，系统与个体之间彼此作用、彼此制约。简单来说，生态系统理论所要表述的主要观点有如下三个方面：

第一，生态系统理论认为人生来就有与环境和其他人交流的能力，人与环境之间彼此作用、互利共生，并且人们个体能够与环境形成良好的彼此协调度。

第二，人们个体的行动是有目的的，人们自古以来便遵循着"适者生存、不适者淘汰"的生存原则，人们个体所存在的意义，是由环境赋予的。因此要理解人们个体，就必须将人们个体置于环境中。

第三，人们个体所面对的问题，是其在生活过程中所面临的一切问题。对人们个体所面对问题的理解和判定，也必须将此问题放置于人们个体所在的环境中。

农业生态系统理论，是以生态系统理论为前提，个体为生产利用农业资源的人们，生态系统理论所提及的"环境"，则是个体在农业生产活动中所涉及的自然环境以及社会经济环境。农业生态系统理论，表示着人们在农业生产过程中，人们既影响着环境，环境也对人们在生产的历程中产生一定的作用。而人作为利用自然资源的主导者，只有科学合理地利用自然资源，与自然资源形成友好共处的关系，农业的生产才能达到一种生态的平衡，农业生产过程才能高质高效进行。

生态系统理论在农业资源利用过程中需要注意如下两个问题。

第一，人们在利用农业资源过程中所面临的许多问题，并不是完全由人所引起，自然资源是造成问题的主要原因。

第二，对农业资源利用个体的研究，要从生态系统理论所表述的四个系统角度综合分析，同时也要单独从四个系统的角度分别分析。

（二）农业资源可持续发展理论

持续发展是在满足现在人们的需要的前提下，又不对未来人们满足其需要的能力构成危害的发展。然而要实现可持续发展，则在当前使用与利用的过程中，规定使用额度与限度，并通过统计计算，分析人口、经济、社会等一系列问题以及发展趋势，预测未来人们的使用需求。资源存储量不够时，现在人们应节约使用，"开源节流"，在节制资源使用量的同时，制定对策促进资源的恢复，以保证未来人们对资源的使用；资源存储丰富时，现在人们虽可按照需求量使用，但必须注意在使用过程中保护资源，切勿伤害资源的恢复功能，甚至要根据资源的形成过程与所需条件，为资源的恢复创造条件，提供契机。

农业资源可持续发展理论，是对人们在农业资源开发与利用过程的考察，是用来揭示人们在农业资源利用过程中，社会对人们利用资源、资源被利用的一种愿景，即农业资源的可持续发展。

第一，转变了传统的单纯经济增长，而忽视生态环境保护的发展模式。

第二，由资源型经济过渡到技术型经济，统筹分析社会、经济、资源与环境所带来的收益。

第三，通过对新型技术的研发与利用，对农业生产方案作出优化，实行清洁生产与文明消费，提升资源的运用效率，减少废弃的水、气、渣的排放，协调农业资源与农业生产之间的发展关系。保证社会经济的发展不仅能够供应现在人们的消费需求，同时不会对未来人们的发展造成一定的威胁，最终目的是使社会、经济、资源、环境与人口持续稳定地发展。

二、农业资源可持续利用的途径与措施

（一）农业资源可持续利用的原则

农业资源可持续利用，应遵循以下四个原则。

1. 因地制宜

每个地区农业资源的基本特征不同，特别是农业自然资源方面。在实现农业资源可持续利用方针之前，应对区域农业自然资源作资料采集以及数据分析，方能拟定农业资源利用计划与方案。

2. 利用和保护有效结合

农业资源可持续利用，并不是仅仅对农业资源的开发利用，更注重的是，在利用过程中对农业资源的保护。农业资源利用的方法、规模、密度等因素，均在保护范围之内。

3. 经济效益与生态效益相结合

农业资源的利用目的是产生一定的经济效益，在追求经济效益的同时，应维持区域内原有的生态效益，或者优化生态效益。

4. 局部与整体的和谐关系

农业资源所涉及的方面杂而多，农业资源利用只有通过局部性与整体性的和谐统一，

才可实现可持续利用的目标，区域内农业资源的整体性才能完整与高效，农业资源所产生的经济效益与社会意义才能长远。

（二）农业资源可持续利用的措施

1. 合理利用和保护耕地资源

首先需要制定一套完善的节约用地制度。节约用地制度体现的是一种集约的用地方法，对原耕地的用地方式以及新增用地的开发方式提出了要求。而节约集约用地机制，不仅是一套节约用地的长效机制，限制了新增用地的开发方式，同时也对新增用地的开发范围提出了要求。对建设型新增用地，提出了选址要求，其选址不应对耕地造成影响。节约集约用地制度，还需要对土地资源的评价和考核提出一套指标，对于耕地资源而言，应对其种植目的、种植品种、品种年限以及产出率提出要求；对于建设用地而言，应对其建设过程监督与管理，保证区域内用地的有效性与生态性。

其次应将土地有偿使用机制进行改革，将其市场配置范围进行扩展。市场机制也就是产生市场经济效益，对于耕地资源而言，是促进节约集约用地方式的重要因素。对于耕地资源，将其国有土地有偿使用范围进行扩展；对于建设型用地，如工业用地，应将其土地储备制度进行优化，引入市场机制，有限储备盘活闲置、空闲和利用率较低的土地。

2. 大力发展生态农业

在利用自然资源的过程中，应以生态学与生态经济学为指导，以全新的科学技术为手段，以完善系统作为工程方案，让自然资源科学、高效地利用，实现低投入、高产出且维持生态平衡和谐发展的良好局面。

实现生态农业的快速发展，首先，需要培养优秀的生态农业建设人才，其次，应在农村普及发展生态农业知识，培养村民发展生态农业意识，并将大力发展生态农业计划有组织、有条理地传达于村干部，形成政府监督村干部、村干部监督村民的机制，将生态农业发展计划进行到底。只有如此，农业资源可持续利用的远景才能实现。

3. 强化市场作用

促进自然资源利用，必须充分发挥和强化市场作用，应深入研究潜在市场，找准切入点，引导农民主动进行农业结构调整，避免盲目调整、被动调整、从众调整和低层次调整，防止结构趋同；建立以产区为中心的区域性批发大市场和专业大市场，通过市场的引导和带动，形成农业主导产业和支柱产业。

4. 加大资金投入，升级农业产业结构

加大资金投入，开辟融资渠道，使农业产业结构优化升级，需要市场化运作、分工明

确的投融资体系，引导社会资金流向，拓宽产业结构优化的投融资渠道。首先，应增加财政资金投入量，建立财政农业投入的稳定增长机制，形成稳定的财政支农资金来源；其次，应加大农业银行、农业发展银行和农村信用合作社等金融单位的信贷支持力度；最后，应积极引导民间资本和国外资本的投入，开发建设农业生产、加工项目。

5. 提升服务管理水平

在宏观层面，改革管理体制，转变政府工作职能，增强农业社会化服务功能，避免政府职能交叉、政出多门、多头管理，从而提高行政效率。在微观经营层面，应鼓励形成行业协会和大型农业企业，政府将相关管理服务职能让位于这些组织，逐渐从直接干预农业中退出。在农业政策方面，加大农业投入比重，完善农业信贷政策，建立农业专项保险制度，降低农业结构调整风险。

6. 构建农业资源核算体系

建立农业资源核算体系，对农业资源的开发利用状况，资源利用过程中人口、经济、环境以及生态各个因素之间的内在系统性的变化，以数字的形式为资源可持续利用提供依据。农业资源核算体系的内容，包含农业资源的核算方法、核算指标以及核算模型。

建立农业资源核算体系，不仅量化了农业各个资源之间的关系，同时统一规范了资源核算计量方法，使得各个区域的农业资源利用状况可统一计量，有效对比。农业资源核算体系，必须以相应的农业资源开发利用谱系作为评价指标，当核算数据超过指标则农业资源的利用状况不尽乐观，存在潜在危机，需要及时解决；而当核算数据在评价指标范围之内，则说明农业资源的利用具有可持续性，应保持原有的利用方式与状态，或者可进行优化利用。

7. 加强法治建设和管理

加强法治建设和管理，首先是促进"一个平台、三个系统"有效运行。"一个平台"是指在产业集中的区域，通过产业的规模汇集和完善组合，形成有利竞争的条件，营造资本、技艺和英才新高地。"三个系统"，一是现代化产业系统，要求加快构建现代农业及工业主导的产业、高新技术的产业、现代服务产业和基础产业互相扶持、互助成长的产业系统，加快工业化进程；二是现代城镇系统，大力发展城镇化建设；三是自主创新系统，做好科研工作。

其次建立立体化的监管体系。一是加强天空监管。以国家卫星执法监察为手段，通过技术等提高卫星监测的密度、频率以及范围。通过卫星监测的方式，对所需关注的重点地区、重点时段以及重点项目进行实时有效的动态监测。二是加强地面落实。需要建立一套完善的动态巡查监管体系，对资源各个方面的利用监测划分职责，明确监察任务。省、市、县要以大管小的模式，将巡查监管的责任落实到地区、岗位以及人，做到人人巡查监管，不留监管死角。三是加强网络化控制。通过网络系统进行监督与管理。传统的资源监管模式，是由下级主动将资源利用数据上报上级，而网络管理则可实现上级自主通过网络系统，对资源利用数据进行调查。以图纸的形式作为动态检测平台，不仅促进上级对下级工作的监管，同时可以对资源利用计划进行"批、供、用、补"全方位即时监管。

最后国家相关部门需要有效沟通与紧密配合，如执法局、建设局、土地管理局，等等。通过各部门之间的发展目标，营运计划，共同对农业资源的利用情况进行巡查、检查与监察。对违法乱盖的现象严令禁止、对顶风作案的行为严格惩罚。为促进各个部门工作的顺利进行，第一，要对农业资源的有效利用广泛宣传，应通过教育的方式普及有效利用的重要性和方法等方面的知识；第二，各部门之间应完善其工作职责，只有各自完善了工作职责，部门之间方能实现有效配合；第三，部门工作需要保持公平、公正的态度，对违法现象及时监察、果断处罚；第四，各个部门的监察工作需要公开透明，让群众了解政府部门的工作性质、了解农业资源有效利用具备的法律意义，让群众自愿接受监管，自觉遵守用地计划。

第三节　发展农业循环经济

农业循环经济实质上是一种生态经济，是对传统农业发展观念、发展模式的一场革命。发展农业循环经济，从根本意义上来说，是由农业产业自身的特点和发展规律所决定的。宏观层面，农业循环经济是遏制农业污染、发展农业的一种机制创新，是提高农业资源利用效率的机制创新。从农业生态文明角度看，有学者认为发展农业循环经济是确保农产品安全、建设农业生态文明的最有效路径，是实现农业生态环境友好、建设农业生态文明的最佳载体。农业循环经济是建设社会主义新农村的需要，2005年10月《中共中央关于制定国民经济和社会发展第十一个五年规划的建议》提出生产发展、生活宽裕、乡风文明、村容整洁、管理民主的要求，这就必须营造良好的农村生态环境。农业循环经济中的原则，则是保护农村生态环境的必要条件，因此离不开农业循环经济的发展。农业循环经济是在循环经济理念和可持续发展思想指导下出现的新型农业经济发展模式，它摒弃了传统农业的掠夺性经营方式，把农业经济发展与环境保护有机结合起来，从而成为农业经济和国民经济可持续发展的重要形式。

一、政府引导农业循环经济的必要性分析

可持续发展始终是一个动态的过程，必须不断积极探索新的实现形式以适应经济社会的发展。正是在这样的背景下，近些年来各地方政府和国家有关部委都将目光聚焦在了农业循环经济，普遍认为追赶发展循环经济的时代大潮是农业可持续发展的迫切需要。

（一）农业循环经济是保持农业可持续发展的有效途径

第一，以现代化为目标的农业可持续性要求，将循环经济与农业相结合以改造传统农业。可持续发展既是现代农业的出发点，又是其最终的目标，未来农业发展的趋势就是建立在可持续性基础上的现代化农业，农业发展的可持续性是一个内涵丰富的概念。高旺盛教授指出，主要体现为"三个可持续性"的协调发展，即生产持续性，保持农产品稳定供给，以满足人类社会发展对农产品的需求，不断增加农民经济收入，改善其生活质量，主要体现于农村产业结构、农村工业化程度以及农民生活水平等方面生态可持续性，人类抵御自然灾害的能力以及开发、保护、改善资源环境的能力。这种能力是整个农业发展与经济增长的前提，没有良好的资源基础和环境条件，常规式的现代农业就会陷入不可持续的困境之中。

然而，传统农业已不能同时满足生产持续性、经济持续性和生态持续性，尤其是在保护农业资源和环境方面显得无能为力甚至产生负面影响。在我国，传统农业生产的初级产品经过加工后，作为商品开始流通，在完成使用和服务价值后，部分商品变成垃圾，加剧了农业面源污染。循环经济源于可持续发展，它是人类发展到一定阶段受自然"胁迫"后反思的结果，发展循环经济就是对可持续发展道路的探索。而针对传统农业所进行的现代化改造，正是循环经济在农业领域展开探索的时代背景和阶段特征。只有在这个特定的阶段，农业循环经济的一系列思路和理念才能在保持农业可持续性和发展现代化农业的目标中发挥最大效用。

第二，循环经济适应农业可持续发展的内在要求，是积极、和谐地实现资源、环境与社会经济的可持续发展。农业作为直接利用自然资源进行生产的基础产业，是人类对自然资源与生态环境影响最大、依赖性最强的产业。农业可持续发展的核心是保护农业资源与环境，农业要实现可持续发展很重要的一点就是实现资源的可持续利用，这是本质所在。农业循环经济以资源的高效利用和生态环境保护为核心，以"减量化，再利用，资源化"为原则，如畜禽养殖冲洗用水可用于灌溉农田。也就是说，农业循环经济在资源利用方面强调利用自然生态系统中各要素的特性，形成空间上多层次和时间上多序列的立体多维的

资源利用系统。

（二）发展农业循环经济有利于促进农民增收

农民收入是衡量农村经济发展水平的综合指标，是检验农村工作成效的重要尺度。农民收入增长缓慢，不仅影响农村经济的发展而且制约着工业品市场容量的扩大，不利于整个国民经济的发展。解决农民增收问题的思路不创新，不下大力气缩小城乡贫富差距，就不可能为我国的加工业和服务业提供大的市场，国内巨大的潜在消费能力就难以真正释放，平稳较快的经济增长就难以保持。

1. 有利于大大提高农业资源利用率，节约农民生产性开支，变废为宝

稀缺性、有限性是农业资源的特点，在客观上要求农业各项生产活动都必须十分珍惜利用农业资源，充分开发利用农业有机资源，尽可能提高农业资源的利用率，做到"吃干榨尽"。农业循环经济通过生物之间在生态链中的各个营养能级关系，相应地使剩余农业有机资源转化为经济产品，投入农业生产过程，替代或增加新的生产要素，使农民获得经济效益，增加农民收入。

2. 有利于适度规模化生产经营的形成，变粗放型为集约型农业生产方式

尽管生态效益和经济效益同为政府和包括农民在内的社会公众所关心，但是在市场经济条件下，一种农业模式能否得到推广关键还是在于它能否带来经济效益。农业循环经济要求根据区域农业资源优势、产业结构特征以及废弃物特征和分布状况，实现区域范围的大循环，这无疑将加快由家庭小生产经营向集约化、规模化大生产经营方式转变，"集约化"可以提高农作物的单位产量，增加农民的生产性收入，并可以解放大量劳动力向城市和农村非农产业转移，增加农民收入的来源。例如在各地蓬勃发展的生态农业旅游、农家乐等都为农民致富开辟了广阔天地。促进农业生产规模化经营不仅可以降低农业生产成本，增强农业抗风险能力，提高农业生产的经营效益，同时还可以将市场竞争中长期处于弱势地位的单个农民变为真正具有市场竞争和博弈能力的市场主体，增强农民的市场谈判能力，有效地保护农民权益，降低农民的交易成本，增加农民收入。

3. 有利于促进农民就业，带动人力资源开发

我们依据循环经济原理来分析农业循环经济促进农村人口就业的运行机制。循环经济要求各类产业或企业间具有产业关联度或潜在关联度，能够在各产业间建立起多通道的产业链接，实现产业或企业间的能源共享；提高供应链管理的水平，通过核心业务的选择和调整，进行有效的产业链整合，从根本上提高生产和服务的效率，减少能耗，提高产品和服务质量，提升核心竞争力。产业链的整合会促进产业的延伸和产业间的融合，促使第三

产业向第一产业和第二产业延伸和渗透以及工业、农业、服务业内部相关联的产业融合，提高竞争力，适应市场新需要。

因此，发展循环农业，通过产业链整合促进产业间的延伸整合，可以使内生就业机会增加，有效解决农民就业问题。农业循环经济要求农业生产是产业化的生产，形成一个良性运转的"产业链"或"产业网"。这提高了农业生产效率和人才资源配置效率，增加了农业就业机会。农业循环经济的发展还扩大了劳动密集型的园艺、畜牧、农产品加工等优势产业的规模，可以吸纳更多农村劳动力就业。

二、政府推动农业循环经济发展的对策措施

（一）制度建设是发展农业循环经济的基础

1. 推进农业循环经济法治建设

实践证明发展循环经济的主要杠杆，一是要靠经济、价格政策，二是要靠法律法规，即法律规范机制，就是说要用立法方式加以推进，才能事半功倍。循环经济无论作为一种经济理论还是一种现实的经济模式，要在全社会范围内深入人心，要建立农业循环经济体系，实现农业可持续发展，必须建立一个强有力的法律支撑系统、一个规范的行为准则、一个明确的导向系统。发展农业循环经济是一场变革传统生产方式、生活方式的社会经济活动，需要明确的导向。没有正确的思想和价值观念为其指明方向，没有可靠的行为规范、行为准则来统一其行动，发展循环经济就会陷入混乱。因此，必须加强农业循环经济立法。也只有通过立法，才能把循环经济从一种经济理论转变为人人都能遵守的行为规范。在农业循环经济发展方面，相关的法规制度还很薄弱，因此，加快有关农业循环经济法治建设已是当务之急。应建立和完善农业生态环境保护法、农业废弃物无害化处理与利用标准、绿色农产品认证制度、市场准入制度、生态农业补偿制度以及生态农业发展的激励政策与机制。

法律具有强制教育、引导的功能。加强农业循环经济立法，可通过发挥法律的强制作用，扭转农民陈旧的思想观念，提高其环保意识，使其逐渐抛弃自私自利的小农思想，用长远的眼光看问题，杜绝短期行为。同时，农业循环经济立法还可以充分发挥法律的引导功能，通过经济激励制度、技术支撑制度、信息服务制度等内容，帮助农民解决发展循环经济过程中遇到的资金、技术、信息等问题，化解发展农业循环经济可能给农民带来的风险，消除他们对发展农业循环经济的顾虑。

坚持循序渐进和因地制宜原则。全国性农业循环经济立法要兼顾我国区域发展差异条

件下的不平衡性，地方性的农业循环经济立法要因地制宜，结合本地区的农业资源和生态资源情况、农业生产力发展水平，做到科学立法，增强立法的质量与效益。坚持政府引导和市场推进相结合。农业循环经济的发展要遵循市场经济规律，充分发挥市场经济所具有的市场联系、产品选择、收入分配、信息传递、经济引导与刺激、促进技术研发、供求总量平衡、促进政府执法方式转变和提高执法效能、促进贸易与经济发展等功能。市场经济的这些功能具有互动性和自发性的特点，有时会产生市场失灵的问题。因此发展农业循环经济，必须强调政府适度的政策性引导甚至强制干预功能。在农业循环经济立法中，要把市场推进与政府引导结合起来，既要解决农业循环经济发展过程中市场失灵的问题，还要避免历史上形成的政府干预过度问题，政府不能越俎代庖，坚决不做本应由市场机制就能解决问题的事情。

坚持农业自然资源的开发利用和保护相结合的原则。自然资源是农业生产赖以发展的物质基础，丧失了自然资源，就丧失了农业的劳动对象，也就无法进行农业生产；农业自然资源受到破坏，就会影响农业生产的持续稳定发展。因此，必须合理利用并注意保护农业资源，才能保障农业的发展，对于开发利用农业自然资源的各种活动，必须加强监督管理。按照生态经济规律的要求，合理开发利用自然资源，并在开发利用过程中，保护好农业自然资源和农业环境，是促进农业生态系统良性循环，实现资源永续利用的关键所在。

2. 建立政府经济激励机制

法律法规体系的建立和完善能够为农业循环经济的发展提供坚强有力的后盾，做到有法可依，有据可循；能够规范各行为主体之间的关系。"但法律法规并非循环经济制度安排的唯一内容，西方国家的循环经济实践表明，经济手段同样具有十分重要的作用"，农业循环经济必须遵循市场经济一般法则，其主体是企业和农户。"经济人"的天然属性要求经济行为必须有利可图，事实上，无论是传统经济中企业的逐利行为造成的负外部性，还是实施循环经济后所形成的正外部性（生态环境效益），都可通过经济手段予以内部化。由于企业具有天然的经济人特性，使用经济激励可能比强制性制度获得更低的交易成本和更高的效率。

（二）政府生态服务职能是引导农业循环经济的保障

在我国现代政府范式系统中，生态服务型政府范式被视作服务型政府观念范式的具体表现形式，它是作为观念范式的服务型政府和作为操作范式的生态型政府相互嵌套和相互契合的产物。而所谓生态型政府就是指以实现人与自然的自然性和谐为基本目标，将遵循自然生态规律和促进自然生态系统平衡作为其基本职能，并能够将这种目标与职能渗透与贯穿到政府制度、政府行为、政府能力和政府文化等诸方面之中去的政府。因此，政府引导农业循环经济发展，其本身应积极构建包括生态服务型政府内涵在内的服务型政府，完善政府生态服务职能。换句话说，政府生态服务的价值观念是政府生态服务实现的首要前提，也是政府生态服务实现的规则制度和操作理念及行为的内在灵魂。

从另一个角度来看，市场机制是农业循环经济运行的基础性制度机制，但农业循环经济并不是为经济而经济，它之所以优越于传统的农业经济发展方式，就在于其内含的生态价值导向。一方面是遵循市场经济的价值规律以使农业循环经济获得强大的生命力，而不至于仅仅停留于对改善环境的美好的理论想象；另一方面，存在于社会认可的经济价值背后的生态价值是农业循环经济发展模式的真正根基。正是如此才使得农业循环经济从短期的经济利益出发，又超越经济利益而兼顾子孙后代赖以生存的生态环境。这样，政府的生态服务职能在农业循环经济生态价值发挥过程中起到关键的主导作用：一是农业生态环境作为比较典型的公共物品，具有广泛的公共意义，明显体现出社会的整体利益、公共利益和长期利益，而作为其他个人与组织都不具比较性的公共代表性的政府就必须承担相应责任；二是农业生态环境问题本身存在一定的跨区域性，其他组织和个人的合法性与强制性以及宏观调控能力都无法和政府相比拟；三是生态公民社会的成长、企业生态责任感的增强还不足以取代政府在生态环境治理中的主导地位。相反，农业循环经济相关企业的生存成长、非政府生态组织的发育发展、公民的生态治理与意识、教育熏陶还需要现代政府发挥特有的培育、倡导和组织作用；四是我国大多数公民视政府为自己依靠的依赖型政治文化环境，更是需要政府在生态环境治理中居于主导地位和发挥主要作用。

（三）引导农民积极参与发展农业循环经济

人是一切经济社会发展的主体。人的自由而全面发展，是人类社会发展的终极目标。建设社会主义新农村，人是第一资源，没有农民素质的现代化，就不可能有农业和农村的现代化。

1. 转变农民的思想观念，促进农业循环经济理念扩散推广

观念更新是发展农业循环经济的重要前提，农民的思想意识和价值观直接影响着农业经济的发展。要转变农民传统、保守的思想观念，树立循环农业发展观念，增强广大农民群众实施循环农业的积极性和自觉性，为循环农业的实施提供强大的社会基础。因此，在农业教育、宣传中，要将转变其思想观念放在首位，应适时引导他们抛弃传统的小农意识，走出安于现状、不思进取的误区，自己融入发展市场经济和建设现代农业的大潮，使之感到知识经济时代已经到来，生产劳动不再是单纯的体力消耗，而是"技能+体能"

"知识+勤劳"的复合性支出。同时，使他们明白，面对日新月异的科技进步，突飞猛进的世界经济发展，唯有不断接受教育，积极学、用现代科技，才跟得上社会发展的节奏。要加强对农民的宣传教育，增强农民的资源忧患意识和环保意识，普及循环经济知识，逐步培养节约资源、保护环境的生产方式和生活方式。

发展循环农业，需要农业劳动者不断学习新知识、掌握新技能，这就要求农民群众树立"终身学习"的理念。当前，农村人力资源开发的一个重要任务是培养农民的学习习惯、再学习能力，培养学习型的农村社会、学习型家庭，让农民经常学习，科学劳作，增大劳动中的知识含量，通过学习指导日常工作，从而减少各种损失，提高效益。

农业循环经济是知识经济。农民群众还要树立"知识致富"的理念。21世纪知识就是经济，谁拥有了知识，谁就拥有了财富。没有知识的土地是贫瘠的，农业人类资源开发，就是要让农民掌握知识，运用知识，耕耘土地，创造财富。开发农民的潜能，在生产中，变"体力劳动为主"为"脑力劳动为主"，运用各种工具辅助劳动，运用各种知识指导劳动，知识致富。

直接面向农民群众的基层领导干部，在转变农民思想观念上具有表率作用。在农村现实生活中，一旦正确的政策路线确立后，干部队伍便起着关键性作用。他们直接影响着政策路线正确实施。因此，转变落后的思想观念，首先是要转变农村干部的思想观念。各级干部要以科学发展观为指导，辩证地认识知识经济增长与环境保护的关系，转变把增长简单等同于发展的观念。在发展思路上要彻底改变片面追求GDP增长而忽视资源和环境问题的倾向，树立资源意识和环保意识。要深刻认识发展农业循环经济对于落实科学发展观、实现经济和社会可持续发展的必要性和紧迫性，牢固树立农业循环经济的发展理念。

2. 继续加大农村人力资源开发投入力度

在同等条件下，一个具有较高人力资本的农民与土地结合，便能够生产更多的产品，创造更多的财富，进而更多地增加农民的收入。人力资本低，产出效率必然低，从而影响农民收入。政府要加大对农村人力资源建设的投入，在经费上给予大力支持。要增加教育投资力度，继续提高国家财政的教育经费支出比重，使教育费用支出增长率高于国家财政支出增长率。鼓励社会增加教育投入，尤其是鼓励和宣传富裕农民集资捐助教育。提高个人、家庭对教育的投入。同时，政府为农民提供入学贷款、为大学生到农村创业提供融资、信贷等优惠。此外，政府也应加大对农村商业、卫生、医疗、保健等方面的资金投入，努力改善广大农村地区的自然条件、医疗卫生条件等，为农民身体素质的提高提供资金保证。

农民提高认识、转变观念、参与农业循环经济发展，需要的是信息的充分供给。政府须对现有农业信息传播体系进行集成整合，完善农业循环经济信息网络建设，提高网站质量，扩充信息量，让农民与时俱进；要加强信息标准化建设，构建智能化农村社区信息平台，促进循环农业信息资源共享和开发利用，全面、高效、快捷地为农民提供信息咨询服务；促进农村信息化进程，加快信息进村入户，把政府上网工程的重点放在村组两级，不断提高农村基层适应市场，把握农业、科技发展前沿动态的能力，增强其参与农业循环经济发展的积极性和自觉性。

3. 建立农民群众投身循环农业发展的激励机制

农村广大农民群众的积极参与，是循环农业健康发展的重要保证。我国自 20 世纪 80 年代初推行家庭联产承包责任制以来，许多农村地区长期处于无人管理状态，农民各自为政，农业生产无序，水利、机耕路长期失修，农田高度分散得不到有效整治，农业资源得不到充分有效利用，农业生产环境出现恶化的现象。发展循环农业，号召农民加入循环农业生产，除依靠农民自身的觉悟及个体积极性以外，还须通过农村社区、乡村集体以及农民自己的合作组织，建立一套激励机制与规章制度，把农民群众吸引到循环经济发展道路上来。

一是建立村规民约，实行环境保护责任制，规范村民的生产生活行为，提高广大农民群众的生态意识，引导他们进行积肥还田，对生产生活废旧物品进行分类收集和处置，使人人养成良好的生产生活习惯，推进农村循环型社会形成。二是设立乡村社会收旧利废中心或回收站，对乡村居民废弃物进行有偿回收利用。三是设立乡村社区循环农业技术服务社，推进循环农业技术入户，为村民提供循环技术利用辅导。四是在物质和精神上，对努力实践资源循环利用的村民进行激励，给予他们一定的生产、生活、养老、医疗、设施建设投入等补助。五是投资乡村基础设施建设，资助村民兴建沼气池、地头水柜以及太阳能、风能、水能、地热等节能设施，科学进行改舍、改水、改厨、改厕，促进广大乡村居民充分利用人、财、物力资源以及时间、空间，建设新村，改变旧貌。

（四）完善农业循环经济技术推广服务体系

农业循环经济科技推广体系，对于农业新技术的大面积推广应用所起的作用是无可替代的，进一步推动循环农业科技进步，必须对农业技术推广服务体系进行优化，完善其农业技术推广功能，促进农业科技成果向农业生产力的转化。循环农业科技推广体系具有不可替代的公益性职能，它承担着农业科技成果转化、实用技术推广应用和指导、组织农业标准化生产、推动无公害及绿色食品发展、加强农业质量检验监测以及开展农民素质培训等重要职能，是实施科技兴农战略的主要载体和推进农业技术成果产业化的基本力量。由政府建立一支履行公益职能的推广队伍，是我国循环农业技术成果产业化的客观需求，也是各国农业发展的共同经验。因此应首先强化政府事业单位作为循环农业技术推广主体的作用，在此基础上建立健全由科研部门、高等院校、科技企业、农民合作组织、科技示范户等多个主体共同构筑的多元化农业科技推广网络体系。

第四节　农业的产业化经营

农业产业化经营其实质就是用现代科技改造传统自给自足的小农业，用管理现代工业的办法来组织现代农业的生产和经营。农业产业化经营必须是以家庭联产承包责任制为依托，以国内外市场为指向标，运用市场机制调节农业生产；以经济效益为中心，不仅要提高农业产业化经营组织的经济效益，更要带动农户的收入增长，通过规模化经营，使双方都获得规模经济；依靠龙头企业或中介组织的带动作用，将农业再生产过程中的产前、产中、产后诸个环节形成一条产业链，建立一个"利益共享，风险共担"的完整农业产业经营体系。

一、农业产业化经营的兴起

（一）农业产业化经营是社会主义市场经济发展的必然产物

第一，农业生产向广度、深度发展，必然要求优化农业资源配置，提高农业生产要素的利用率。优化资源配置，就是在工农业之间、地区之间、农业主体之间配置有限的资源。配置得好，农业生产效率就高，生产发展就快；反之，效率就低，发展就慢。农业产业化就是遵循市场经济规律，以国内外市场为导向，利用深层机制优化配置资源，最大限度地发挥农业资源的效力。

第二，农业产业化经营就是在经济价值规律的作用下，合理配置城乡资源，促进深层要素的优化组合，通过产业统筹，推进城乡经济社会统筹协调发展，推进农村城镇化进程。产业链各主体之间合理利用各种资源，节约人力、财力，是提高资源利用率和劳动生产率的有效途径。

第三，农业专业化分工需要进行结构调整，进而推进农业产业化经营的形成。在市场经济体制下，农业企业要对投资的最终效果负责，这就迫使决策者必须深入市场调查，密切注视市场动态，根据市场需要来决定投资的方向和规模。作为宏观管理者的政府，也是根据市场供求关系变化的信息来制定调控政策和措施，使决策易与实际市场相吻合，有效地减少和避免产业发展的盲目性，使农业产业结构大体上能保持动态的协调平衡，从而推进农业内部专业化生产的提高，进而推进农业产业化经营的发展。

第四，农业向现代化迈进，呼吁组织制度创新。社会生产力的发展和进步，客观上要求社会生产方式的不断调整和变化，农业产业化经营是适应市场经济发展要求的组织形式和制度的进步，是社会生产力和生产关系矛盾运动的必然结果。

（二）农业产业化经营是产业发展的必然趋势

经济发展的重要前提是产业结构优化，而产业结构优化需要具备两个基础条件，一是产业结构优化设置应适应其自身演进规律，二是产业结构优化调整应以其自身变化趋势为基础。产业结构从低级到高级演化是在特定条件下存在的一种必然趋势。

长期以来，农业之所以属于弱质产业，是因为农业仅限于从事初级产品生产，滞留隐蔽性失业即剩余劳动力过多。农业产业化经营通过发展集约高效的种养业、农产品加工业和运销业，延伸和扩展产业链，可以吸纳相当多的农村劳动力就业，创造价值，增大农产品附加值。同时，城市里的农产品加工业及其他劳动密集型产业向农村转移，为农村发展第二、第三产业提供更多机会。乡镇企业以着重发展农产品加工业和运销业为战略方向，适当集中，并与小城镇建设结合，从而形成众多的强有力的经济增长点，转移更多的农业劳动力。在相同条件下，农业占用劳动力越少，农业劳动生产率就越高，这是现代农业发展的一般规律。现代科学技术普遍地运用于一体化系统再生产的全过程，使农业生产率增长超过工业生产率的增长，大大提高了农业的比较效益，为农业由弱质产业向强势产业转变创造了广阔的空间和现实的前景。各地先行者们取得的良好绩效，以雄辩的事实证明，农业产业化经营是高效益的，农业可以转变为强势产业。产业发展理论给农业产业化经营发展提供的理论依据是：农业产业化经营是推进农业由低级向高级进步的重要手段，产业的发展规律要求农业产业化经营必须站在现代经济的角度发展农业。

（三）农业产业化经营是农村改革与发展中矛盾冲突的必然结果

由于农业产业化经营发端于农产品"卖难"，根源在于农产品流通体制。所以，分析农业产业化经营要从农产品流通体制剖析入手。新中国成立以来，我国的农产品经过短短几年的自由购销形式之后，政府相继提出统购统销、合同派购、议价收购等政策。实际上，在新中国成立之后很长时间内，国家一直把统购、议购、派购作为农产品收购的基本形式，再加上国家统一销售、调配农产品，这就形成了传统农产品的产销形式。

这种高度集权的农产品购销，是国家在特殊的历史背景下采取的特殊政策，对于国家掌握必要的物资，稳定市场物价，保证人民生活的基本需要和进行社会主义建设都发挥了重要的积极作用。但由于这种购销体制违反了自愿原则和等价交换原则，暴露出对农民和经营者管理过于死板等弊端，不利于发挥他们的主观能动性，严重损害了农民利益。

自农村普遍推行家庭联产承包责任制以来，确立了农户作为农村市场经济微观主体的地位，极大地解放了农村生产力，使我国农业实现了巨大的飞跃。同时，农产品统派购制度已缺乏存在的基础，购销体制改革成为国家的必然选择。必须有一种符合社会主义市场经济要求的，能够整体推进农业和农村经济改革与发展的思路。一方面，为了增强农户抵御自然和市场双重风险的能力，除对原有的流通系统进行改造重组、打破其封闭性、增强开放程度外，还必须培育新的流通组织，把分散的家庭经营同集中的市场需求有机联系起来，引导、组织和带动农户进入市场，帮助农户克服自然风险和市场风险，促进小生产向社会化生产转变。另一方面，还必须创造一种崭新的经营方式，把分散的小规模生产与健全的社会化服务结合起来，以形成不改变家庭经营格局的规模经营和规模效益；把传统的生产方式与现代的科学技术融合起来，以加速农业现代化进程；把农产品生产与农产品加工、运销联结起来，以提高农业的综合效益，增加农民收入。在这样的背景下，农业产业化经营应运而生，它是我国农村的又一个伟大创举，在农业生产、流通、增产、增收等方面发挥了巨大作用。

二、农业产业化经营的运作规律及国际经验

总结国外农业一体化发展历程，分析各种不同类型的发展模式，一些基本经验和共同规律值得我国借鉴和遵循。

（一）国外农业一体化发展的条件

国外农业一体化的发展是有条件的，它是生产力发展到一定阶段的产物。这些条件包括以下五个方面：

1. 市场经济是农业一体化发展的体制条件

在一体化的体制中，市场体制主要在三个方面发挥基础作用。

（1）通过市场调节生产要素的优化组合。分布在城乡之间、工农之间以及各种所有制实体中的生产要素，在利益驱动下，借助市场这个载体发生流动和重新组合，再造市场的微观基础，形成新的经济增长点，在经济增量的增值作用下，推动农村经济以及国民经济的加速发展。

（2）通过市场体系衔接产销关系，一体化经营打破了地域、行业和所有制等壁垒，以市场为纽带，把初级产品的生产、加工和销售诸环节联系起来。各方面在结构和总量上都

能有规则地照应起来，从而提高了农村经济增长的质量和经济运行的稳定性。

（3）通过市场机制来调节各方面的既得利益，从根本上扭转"生产亏本，流通赚钱"的不合理分配格局。

2. 社会生产力发展水平是农业一体化发展的生产力条件

由于社会生产力发展到一定水平，社会分工分业进一步细化，产业间的相互联系、相互依赖性进一步增强，协作、联合的重要性显得更加突出，从而产生了对农业一体化的强烈需要。农产品加工业和购销成为独立的产业部门，现代技术装备和管理知识的广泛运用，则为农业一体化发展提供了必要的物质技术基础。农业生产专业化、社会化、规模化、集约化是农业一体化最根本的内在条件，其中起关键作用的是农业专业化。随着农业生产力的不断发展，专业分工的不断细化，农业不仅与产前阶段和产后阶段的联系越来越紧密，而且内部分化出越来越多的行业和部门，彼此之间相互紧密衔接，从而形成一个包括从农用生产资料的生产和供应，到农业生产全过程，再到收购、储运、加工、包装和销售各个环节在内的有机体系，组成产业组织生态系统，并通过规范运作形成良性循环。

规模化、集约化生产是农业一体化发展的必备条件。如果没有这一条，产品形不成批量规模，就会因为交易成本高、组织成本高、竞争力弱，难以在现代市场上站住脚跟，更难以加入农业一体化的社会化大生产中去。

至于农业生产专业化，在农业一体化中更具有核心作用。这是因为它不仅从根本上极大地密切了有关企业的联系，而且它能把各个生产单位分散的小批量生产转化成专门行业的大批量生产，从而大大提高生产率，这对于采用专用机械设备和先进工艺提高农业的规模化和集约化程度极为有利。

3. 农业生产自然特性和农产品生物特性是影响农业一体化发展的重要因素

在同样的市场经济条件和生产力水平下，为什么农产品对产加销一条龙的要求比工业品强烈，原因在于农业再生产的自然特性。第一，农业不仅要承担市场风险，而且要承担自然风险，加上农业在劳动生产率上与工业的客观差别的历史积淀，单纯农业生产天生具有弱质性，这就要求对农业生产必须进行特殊的保护和倾斜扶持。第二，农业具有生产周期长、市场供应量调整滞后的特点，而农产品需求是长年不断、瞬息万变的，这就增加了供需衔接的难度，一旦发生供需失调，将导致波动期长、波幅大，使生产和市场风险增强。第三，农业生产具有分散性特点，空间跨度大，而商品化消费往往相对集中，独立的小生产者和经营者难以做到产、加、销的有效衔接。所有这些，都使得农产品比工业品更强烈地要求农业开展一体化经营，通过提高三大产业间的组织协调力度，维护农业再生产的持续发展。

同样是农产品，为什么有的产品一体化程度高，有的则低？原因在于农产品的生物特性。首先是生鲜产品，易腐易烂，保鲜期短，从生产出来到最终消费必须在极短的时间内完成。其次是活销产品，受生物成长规律的制约，有特定的适宜产出时间，而这一时间与市场需求时间并不总是一致。当市场供不应求时，适时产出，就会卖得快，卖个好价钱；而当市场供过于求时，产品就会出现卖难，价格下跌；如果为适应市场晚产出、超期饲养又会造成亏损运行。因此，对于鲜活产品，促进产加销紧密结合，避免多环节周转，缩短流通时间，加快信息反馈，及早应变调整，具有十分重要的意义。这就是鲜活农产品的一体化程度往往高于其他农产品的原因所在。

同一种农产品系列，为什么有的品种一体化程度高，有的则低？原因在于这种农产品的内在特质不同。农产品的标准化生产是从工业生产引来的新概念。虽然农产品的标准化程度可能永远赶不上工业品，但为了适应农产品加工和消费的特定需求，在现代科学技术的支撑下，加快了农业生产标准化的进程。科技的突出贡献在于培育出了一批具有特定内在品质的优良作物品种，即在特定的蛋白质和油料成分含量等方面不同于一般谷物，且生产过程也与众不同。比如含油料成分多的油菜籽、加工用的低农药大豆、在加工阶段可以减少砂糖使用量的小麦，还有保存时间长的土豆等。由于这些产品有特定用途，生产成本一般比较高，在生产之前决定加工方式和发货对象，实施一体化经营比一般谷物具有特别的重要性。

4. 市场经济体制的确立是农业一体化发展的体制基础

市场经济体制的确立是农业一体化发展的体制基础，而"非市场安排"则是必不可少的制度条件。

农业一体化必须建立在市场经济体制的基础上，并不是说计划作为一种调节手段没用了，农业一体化内部的"非市场安排"仍然是必不可少的制度条件。

早期的资本主义市场经济是建立在完全私有、自由放任的基础上的。由于农业的自然再生产特点和农产品需求弹性较低，第一、二、三产业间的劳动生产率差别客观存在，农业难以获得社会平均利润率，产业之间矛盾日益激化，农产品价格不稳、经济危机困扰着所有企业。面对这些问题，自由经济学一筹莫展。这时以凯恩斯为代表的一批经济学家提出了实行混合经济体制的理论，主张国家干预农业，承认非市场安排。事实也是这样，农业一体化最初都是在抗御中间资本剥削的旗帜下组织发展起来的。在一体化内部也正是通过一定程度的非市场安排，协调三大产业间的关系，实现利益的合理分配，从而塑造一体化长久发展的合理模式。

5. 市场需求是农业一体化发展的又一重要影响因素

农业一体化基本上是在农产品供应丰富以后的经济现象，发展的关键因素在于农产品的市场需求，即市场需求决定着农业一体化的发展速度和程度。没有充分的市场需求，一体化经营就无利可图，更谈不上利益在产业间的合理分配，农业一体化这列火车就会因为缺乏动力而跑不起来。市场需求取决于消费需求。消费需求多样化的迅速发展能为农业一体化发展提供广阔的市场空间。20世纪80年代中期，速冻食品成为新明星；进入90年代，方便、营养、美味的新型食品迅速流行，保健食品、绿色食品逐步兴起。消费结构的趋新和消费市场的变化，对农产品深精加工、系列开发提出了迫切要求，从而为延长产业链、发展农业一体化提供了强大的发展动力。

（二）农业一体化发展的一般规律

农业一体化进程受农产品的生物特性和市场需求等多种因素影响。纵观发达国家农业一体化的发展过程，可以总结出它的演进规律，即农业一体化的发展路线是：农业生产专业化—规模化—产业化。

农业专业化包括地区专业化、部门专业化、企业专业化和环节专业化。地区专业化是指在一个地区专门生产某种或几种农产品。也就是要依据经济效益原则，在空间上合理配置农业资源，充分利用各地区的自然条件和经济条件。农业部门专业化，指在某一地区或企业内以专门生产某种或某几种农产品作为主导部门，重点发展。主导部门代表一个地区或企业的发展重点、发展方向。产品专业化和工艺专业化是在部门专业化的基础上发展起来的，是专业化的高级阶段。农业专业化与规模化经营相辅相成。专业化把多种经营条件下各个生产单位分散的小批量生产转换成专门企业的大批量生产，这就有利于采用专用机械设备、先进工艺及科学的生产组织形式与管理方式，从而增加产品产量和降低成本，发挥农业规模经营的经济效益。伴随农业生产专业化程度的提高和农业经营的规模化生产，客观上要求发展工业、商业、运输业和各种服务业，并实行农工商综合经营或农业一体化。因为专业化大大密切了农业与其关联产业的联系，如果不同它的前后作业保持衔接，它的生产、经营就会中断。此外，大规模的商品生产要以大规模的市场容量为前提。而市场对初级农产品的需求弹性是很低的，只有通过延长产业链，不断对农产品进行多层次的深加工和精加工，才能扩大市场需求，增大市场容量，提高产品附加值，从而增加农民收入。由此可见，规模化的商品经济发展过程，也就是由多种经营到混合的部分专业化，再到单一的生产高度专业化过程。这个过程表明，农业专业化发展到一定程度，必然导致农工商一体化经营形式的出现。这是符合农业生产关系的发展规律变化的。

（1）农业一体化受生产力发展水平的制约，在地域上一般遵从由经济发达国家（地区）到次发达国家（地区）到欠发达国家（地区）的递进次序。

（2）在同等条件下，受农产品生物特性和市场需求弹性的影响，农业一体化在行业上一般遵从由畜牧水产业（特别是乳业）到果菜业，再到大田作物的递进次序。

（3）受农产品内在品质的影响，对于同一种农产品，农业一体化一般遵从由特质品种向一般品种的递进次序。

（4）农业一体化的演进方向是一体化程度由低到高不断向前推进。这是由生产力由低到高、社会分工由粗到细的发展走向所决定的。

（5）农业一体化的系统功能大于每一部分单独功能的简单相加，形象地讲就是"1+1+1>3"。农业一体化、产加销一条龙不是几个单元的简单相加，而是一个相互联系、相互衔接的协作系统，各联合单位之间过去的自由买卖、相互割裂关系日益被一种有组织、有计划、相对稳定的市场关系所代替。这种体制通过内部统筹安排，不仅减少了中间环节，降低了交易费用，而且能够扩大生产要素的优化组合范围，实现优势互补，提高资源配置效率，从而产生整合和协同效应。

（三）国外推行农业一体化经营的基本做法

第一，确立"以工补农"的发展战略，建立有利于农业一体化发展的投入和积累机制。

第二，适应市场经济体制要求，加快生产、经营和服务方式的转变。在生产规模逐步扩大的基础上，实行地区、农场、部门和生产工艺的专业化。通过向关联产业延伸，同关联产业协作、联合，实现经营一体化。按专业化、一体化要求，建立产前、产中、产后全程服务的社会化服务体系，从而大大提高农业劳动生产率和经济效益。

第三，强化政府扶持力度，制定健全的促进农业一体化发展的基本政策和法律保护体系。为推进农业一体化，各国政府通过政策、法律、信贷、价格等手段大力扶持。以欧盟的情况为例：

1. 农业结构政策

欧盟的农业政策由农业结构政策、农业价格政策和农村社会政策三大部分组成。而在这几类政策中农业结构政策是其核心内容。"农业结构政策"的结果是改造了农业企业结构，使之适应农业现代化的需要，同时，也促成了在新的基础上建立农——工、农——商关系。

2. 农业财政、信贷等支持政策

为了促进各国农业现代化和农业一体化，共同体各国通过财政、信贷和价格渠道，为农业间接和直接地提供大量发展资金。

3. 法规等其他措施

如法国的《农业法》《农业指导法》《合作法》《调整法》等，对一体化经营提供了可靠的法律保证。

4. 大力发展农业科研，推进科技成果转化应用

发达国家都把发展农业科研、推广农业科技、提高生产经营者的科技素质、提高农产品科技含量，作为提高农业一体化水平的战略措施予以高度重视，切实加大投入，使产品的科技含量一般都高达60%以上。

(四) 农业产业化经营的国际经验和启示

1. 在农村中发展农业一体化

世界各国在农业一体化发展过程中，都尽可能把农业的产前、产后服务部门建在农村，并在村镇建立一体化公司或合作社。一些产前、产后企业通过农业的中间消费来影响农业，通过它们组织培养农民，使农业生产标准化和商品化；通过它们把广大农村与城市连接起来，推进城镇化；通过它们促进农业市场化和科学化，使农民完成从单凭经验到依靠科学，从盲目生产到产供销协调发展的全面转变。

2. 在调整农业结构中推进农业一体化

在市场需求拉动下，西方发达国家建立了以畜牧业特别是以奶牛饲养业为主的产业结构，由于饲养业的产业关联效应强，有力地带动了种植业和食品加工业的发展，并使食品加工业成为农业一体化中最重要的工业部门。

3. 在形式多样的载体中推进农业一体化

农业一体化的组织形式不能一味追求农工商完全的垂直一体化。在多数部门，按产品加工的产业链条扩展产业化经营组织，并按合同生产是主要且比较有效的形式。

4. 在强化农业社会化服务中推进农业一体化

在发达国家产业一体化中，农业社会化服务是其中重要的一环。一体化经营中的农业社会化服务，一般是通过合同方式稳定下来的紧密性服务，而且，无论是公司、企业或者是合作社，都在使农业服务向综合化发展，即将产前、产中和产后各环节服务统一起来，形成综合生产经营服务体系。在农工商综合体系中，农业生产者一般只从事某一项或几项农业生产作业，而其他的工作都由综合体提供的服务来完成。

5. 在政府的政策引导下发展农业一体化

工业化各国政府在农业一体化发展中充当了重要角色，起到积极的推动作用。各国政府作为政策制定者、市场经济的维护者，按照各自既定的政策目标，实施针对性的措施、规划等，达到了不断改善农业经营、提高农民收入的目的。

6. 建立一个合理的农业产业化经营管理体制

把农业生产、加工、销售相关联的第一、二、三产业集中起来建构一系列优化的经济组合，以扩展农产品转化增值，提高农业比较效益，这是一体化经营的实质。它涉及多个产业部门、多种类型企业、工农关系、城乡关系等，是一个很复杂的体系，能否顺利发展，取决于彼此间的互相协调、促进。同时，产业间、部门间、企业间的资源配置受价格机制调控，政府能否通过政策倾斜、协调计划与统一管理，对推动一体化农业的发展十分重要。因此，应建立与现代市场经济发展相适应的农业产业化经营的管理体制，包括农用物资制造和供应、农业生产、农产品收购、储藏、保鲜、加工和综合利用以及农产品和加工品的销售、出口等统一的一体化管理体系及其相应的政府上层和基层管理体制。

第三章 农产品市场的优化措施

第一节 正确认识市场经济

某种商品达到一定的收入水平，又愿意购买该商品的消费者，就是该商品的市场。对农民来说，了解市场、分析市场、适应市场就显得十分重要。

一、完善社会主义市场经济体制

（一）市场经济的特征

市场经济是社会资源配置主要由市场机制进行调节的经济。市场经济具有如下特征。

1. 自主经济

市场经济的主体是企业，企业可以自主按法定程序建立，实行自主经营、自负盈亏和独立核算的制度。任何组织和个人不得非法干涉其经营行为。

2. 开放经济

市场经济向所有的经营者和消费者开放，市场经济重视自由选择、平等竞争，没有地位、级别差异。市场经济要求在全国、全世界范围内建立统一的大市场，任何部门和地区封锁都是对市场经济的破坏，最终会导致经济的落后。

3. 竞争经济

市场经济条件下，生产者之间、消费者之间均是激烈的相互竞争的关系。通过竞争，使生产资源得到有效的配置和利用；通过竞争决定商品的价格。

4. 自发经济

市场机制对供求的调节和对生产资源的配置作用是自发进行的，即市场调节具有自发性。

5. 平等经济

市场经济是平等经济，以价值规律为基本交易准则，在市场面前人人平等，不能拥有任何特权。市场经济要求在市场规则基础上对经营者进行比较，各市场主体在机会均等和公平的条件下参与竞争。

6. 法治经济

市场经济是法治经济，依靠一系列法律制度规范市场行为。依法进行农业经营是保证经营顺利进行的关键。

7. 风险经济

风险是市场的一个显著特征，市场经济是一种风险经济。市场经济以市场为基础对供求关系进行调节，由于各种不确定因素的影响，使这种调节带有很大的风险性。市场风险通常表现为生产风险、销售风险、价格风险、信用风险等。风险意味着损失，也意味着收益。风险越大，相应的损失也越大。

8. 信息经济

市场经济是信息经济。市场运行靠一系列的信息进行传递和调节，谁拥有足量和及时有效的信息，谁就能争取主动。市场运行中各种市场信息构成了市场经济发展的基础。经营者以市场为导向，应当掌握农用生产资料供应、产品需求、资金、价格等信息。

（二）市场经济的运行机制

市场运行机制由许多机制组成，价格机制是其他各种机制发挥作用的基础。供求、竞争、利率等机制均靠价格机制才能发挥作用。

1. 价格机制

价格机制是通过价格涨落调节商品和其他要素的供求关系，指导生产和消费的经济运行机制。商品价格围绕商品价值波动，当商品价格大于价值时，生产经营者就能获得额外的纯收入；反之，就要亏本。市场价格是以价值为基础，由供求关系调节形成的一种均衡价格。

价格机制可以引导供求关系，使供求达到相对的平衡。同时利用价格机制在法律许可的范围内进行价格竞争，可以成为一种重要的竞争手段。

2. 供求机制

供求机制是通过供求关系的调节，形成均衡价格，从而指导供求双方行为的运行机制。供给大于需求，商品供过于求，形成积压，价格下跌；供给小于需求，商品供不应求，形成短缺，价格上涨；供给等于需求，商品供求平衡，市场稳定，价格平稳。

3. 竞争机制

竞争机制是通过合法竞争，在价格和其他方面形成优势从而提高经济水平，达到优胜劣汰的运行机制。

市场竞争是一个综合经济、科技等实力的较量，若有一个方面因素失误，就会造成总体竞争的失败。市场竞争一般采取以新取胜、以优取胜、以廉取胜、以信取胜、以诚取胜的"五胜制"原理。市场竞争围绕同行业厂商之间、同类产品之间、互代产品之间、争夺消费者、科技和信息等几个方面展开。

4. 风险机制

风险机制是通过风险和预期收益之间的关系，形成风险和收益的相互关系，指导经营者经营行为的运行机制。包括风险的形成、风险的分散和风险的承担等内容。

（三）完善社会主义市场经济运行机制

1. 建立健全统一、开放、竞争、有序的现代市场体系

建立健全现代市场体系是充分发挥市场机制作用的重要条件。现代市场体系包括商品市场和生产要素市场。

商品市场是国民经济物质商品和服务交易的基本场所和主要形式。按商品的最终用途分类，商品市场分为消费品市场和生产资料市场。生产要素市场提供生产要素的交易场所，不一定有固定和有形的场所。生产要素市场主要包括：①金融市场，包括提供长期运营资本的资本市场，也包括提供短期资金融通的货币市场，还有外汇市场和黄金市场。②产权市场，既包括企业产权交易、股权转让市场，也包括技术产权交易市场。③劳动力市场，指劳动力按供求关系进行流动的场所。④土地市场，指以土地使用权为交易对象的市场，因为我国实行土地公有制，所以，在土地市场上不能进行土地所有权的交易。⑤技术市场，即以技术商品为交易对象的市场。商品市场是市场体系的基础。没有商品市场的发展，要素市场的发展就失去基础和依据。但是，要素市场的发育程度和水平反过来又制约着商品市场的发展，特别是要素市场中的资本市场，对于其他要素市场和商品市场的发展具有重要的影响，是现代市场体系的核心。

统一、开放、竞争、有序是现代市场体系的基本特征。统一是指市场体系在全国范围内应该是统一的。统一还意味着市场按照统一的规划、制度进行组织和运作，要打破行业垄断和地区封锁。开放是指市场对内和对外都是开放的，从而能促进商品和要素的自由流动。竞争是指在市场体系中商品和要素的流动，必须在一个公平竞争的环境中进行。有序

是指要有一定的规则来维护市场的正常秩序，保证公平竞争和资源合理流动。

2. 完善市场体系

我国商品市场的改革已有四十年。经过多年的实践，已形成较为健全的商品市场。这为要素市场的发展奠定了基础，也迫切要求进一步发展要素市场。所以，当前和今后一个时期，健全现代市场体系的重点是推进要素市场的发展，我国要在更大程度上发挥市场在资源配置中的基础性作用，健全统一、开放、竞争、有序的现代市场体系。推进资本市场的改革开放和稳定发展。发展产权、土地、劳动力和技术等市场。创造各类市场主体平等，使用生产要素的环境。

3. 规范市场秩序

社会主义市场经济的运行也要建立与其相适应的行为准则和行为规范。社会主义市场秩序包括进入退出、竞争、交易和仲裁等方面的内容。等价交换和公平竞争是社会主义市场秩序的基本要求。加强市场法治建设和市场监管力度，整顿和规范市场秩序，既是保证经济正常运行的迫切需要，也是完善社会主义市场经济体制的客观要求。

加强信用建设，建立健全良好的社会信用体系，形成以道德为支撑、产权为基础、法律为保障的社会信用制度，是建设现代市场经济体系的必要条件，也是规范市场秩序的治本之策。信用的基本解释就是要遵守诺言、取信于人。信用既属于道德规范，又属于经济范畴，缺乏信用不仅会造成经济关系的扭曲，而且会败坏社会风气。要增强全社会的信用意识，政府、企事业单位和个人都要把诚实守信作为基本行为准则。要加快建设企业和个人信用服务体系，建立监督和失信惩戒制度，为市场经济的正常运行创造良好的条件。

二、市场引导农业生产经营

在市场经济条件下，社会的供给与需求，均由市场来引导。在农业中，一方面按照市场需求组织农业生产经营活动，通过市场交换实现商品的价值；另一方面又依赖于市场的供给，取得生产资料和生活资料，保证农业再生产过程的顺利进行。

（一）市场引导农业再生产过程

农业的再生产过程包括生产、交换、分配和消费四个环节，每个环节都离不开市场。

（1）市场引导农业生产过程的产、供、销。农业生产过程的产、供、销，都与市场紧密相连，生产要根据市场需求确定生产经营项目，以消费定销售，以销售定生产，实现产销平衡；供应是用货币购买生产资料或劳务，使生产顺利进行；销售使生产的产品走向市场，实现其价值，获得价值补偿。

（2）市场引导社会再生产过程的生产、交换、分配和消费四个环节。①市场引导农产品的生产。生产经营者根据市场供求信息，确定生产经营项目，组织生产经营活动，生产什么，生产多少，完全由市场来决定。②市场引导农产品交换。生产者出售农产品，实现产品价值，使生产消耗得到补偿；中间商先购后卖，以获得进销差价；消费者购买农产品而获得使用价值，达到消费的目的。这一系列的交换活动，都是由市场来引导的。③市场引导农产品实体分配。实体分配包括商品的加工、运输、保管等工作。在市场机制作用下，农产品南调北运、秋收冬储、低价囤积、高价出售等活动，都是市场引导的结果。农业生产资料的分配，也在市场引导下自由流动。④市场引导消费。市场是沟通农业生产与消费的桥梁。农业的生产消费和农民的生活消费，都是通过市场购买而实现的。

（3）市场引导农业再生产。农业是不断重复的周而复始的再生产过程，一个过程结束，下一个过程开始，其生产、交换、分配、消费同样由市场引导。

（二）市场引导生产资源的流动

市场具有配置生产资源，调节资源供求的功能。在市场机制作用下，当市场上某种商品供不应求时，商品价格上涨，生产规模扩大，市场引导生产资源向这一方向流动，反之亦然。

1. 市场引导土地资源的流动

同一块土地，不同的用途，产生的效益是不同的。在比较利益作用下，土地拥有者，选择比较利益大的生产经营项目，促使土地资源向高效益项目流动。

2. 市场引导农业劳动力的流动

农业劳动力在各生产部门、各生产项目之间的投放和流动，是由劳务市场引导的。在劳务市场上，劳动者自愿、平等地实现其劳动价值的互换。

3. 市场引导资金的流动

资金有货币、实物资产和无形资产等形态。在市场机制的作用下，通过利率、成本、利润等经济杠杆的推动，使资金向成本低、利润高的地区和生产项目流动，以实现资本的保值和增值。

4. 市场引导技术的流动

科学技术是一种重要的生产资源，高新技术能促进生产力的飞速发展。在市场机制作用下，资料、图纸、光盘等技术载体，向畅销高利的方向流动；先进设备、高科技材料等技术载体，向成本、价格有利的方向流动；具有高新技术知识的科技人员，从低效益区向高效益区流动，以实现科技人员的高科技价值。

第二节 农产品市场体系

一、建立农产品市场体系

（一）农产品市场的特点

1. 市场广阔，购买的人数量多而分散，需要建立广阔的销售网点

所有的消费者都是农产品的消费者，人类要生存，就必须消费食物，食物来源于农产品，所以，从某种意义上来说，农产品市场是人类整体，这是农产品市场需求的显著特征。由于农产品的消费者居住分散，为了尽量扩大农产品的消费群体，农产品生产者需要相应建立大量的销售网点。

2. 消费者购买多属小批量的经常购买，购买频率高

由于农产品保质期较短，不耐贮藏，消费者一次购买的数量较少，消费完后会重复购买，呈现购买频率高的消费特征，对生活必需的农产品，该特征尤为明显。

3. 生活必需农产品需求弹性小，享受型农产品需求弹性大

生活必需农产品如大米、蔬菜、猪肉等，是人们每天几乎都要消费的农产品，这些生活必需的农产品需求不会随商品价格的变化而发生大的改变，也就是说，价格下降，消费者不会增加较多购买量；价格升高，消费者的购买量也不会大量减少。其余的享受农产品如高档水果、花卉及由农产品加工的食品如饼干、糕点等，当价格下降，消费者会增加较多购买数量，而价格一旦上升，消费者则大量减少购买数量，表明消费者对这类农产品的购买量随价格的变化，会出现较大幅度的变化。

4. 不需要售后技术服务

进入消费市场的农产品是最终产品，消费者购买后直接消费，是最终消费，基本不需要农产品生产者提供技术服务。

5. 注重消费安全

虽然绝大部分农产品价格不高，农产品消费支出在消费者总支出中的比重并不大，但是，由于农产品的消费将直接影响消费者的身体健康。因此，消费者在选购农产品时更注重消费的安全性。

（二）农产品市场的分类

从不同的角度，根据不同的需要可以把农产品市场分为各种不同的类型，比较常见的分类有以下六种。

1. 按流通区域划分

（1）国内市场

国内市场是指一定时期国家内部农产品商品交换活动的总和或交换场所。国内市场还可分为城市市场和农村市场。

（2）国际市场

国际市场是各个国家和地区的经济贸易往来和国际分工联系起来的农产品商品交换活动的总和或交换场所。

2. 按流通环节划分

（1）采购市场

农产品生产是分散进行的，所以农副产品先集中在农村产地的采购市场，然后批发、调拨供应集散市场。

（2）批发市场

批发市场指专门起着中转商品作用的，进行商品转卖的交易场所。

（3）零售市场

零售市场指从批发商或生产者处购进商品，直接满足人民需要的商品交易场所。

3. 按农产品的使用价值划分

（1）生活消费市场

生活消费市场指以满足居民个人及其家庭所需要的生活资料为对象的市场。

（2）生产消费市场

生产消费市场指以满足生产单位或个人进行再生产所需要的生产资料为对象的市场。

4. 按照交易场所的性质划分

农产品市场可分为产地市场、销地市场和集散与中转市场等三类。

（1）产地市场

即在各个农产品产地形成或兴建的定期或不定期的农产品市场。产地市场的主要功能是为分散生产的农户提供集中销售农产品和了解市场信息的场所，同时便于农产品的初步整理、分级、加工、包装和储运。产地市场的主要特点是：①接近生产者。②以现货交易为主要交易方式。③专业性强，主要从事某一种农产品交易。④以批发为主。像山东寿光蔬菜批发市场等都是具有一定规模的产地市场。

（2）销地市场

设在大中城市和小城镇的农产品市场。还可进一步分为销地批发市场和销地零售市场。前者主要设在大中城市，购买对象多为农产品零售商、饭店和机关、企事业单位食堂。后者则广泛分布于大、中、小城市和城镇。

销地市场的主要职能是把经过集中、初加工和储运等环节的农产品销售给消费者。

（3）集散与中转市场

其主要职能是将来自各个产地市场的农产品进一步集中起来，经过再加工、储藏与包装，通过批发商分散销往全国各销地批发市场。该类市场多设在交通便利的地方，如公路、铁路交会处。但也有自发形成的集散与中转市场设在交通不便的地方。这类市场一般规模都比较大，建有较大的交易场所和停车场、仓储设施等配套服务设施。

5. **按照农产品交易形式划分**

农产品市场可分为现货交易市场和期货交易市场。

（1）现货交易市场是进行现货交易的场所或交易活动的总和。所谓现货交易是指根据买卖双方经过谈判（讨价还价）达成的口头或书面买卖协议所商定的付款方式和其他条件，在一定时期内进行实物商品交付和货款结算的交易形式。现货交易又分为即期交易和远期交易。前者指买卖双方立即进行的一手交钱、一手交货的交易。

（2）期货交易市场就是进行期货交易的场所，如郑州粮食期货交易所。所谓农产品期货交易的对象并不是农产品实体，而是农产品的标准化合同。

6. **按照商品性质划分**

农产品市场还可分为粮食、蔬菜、肉禽、水产、果品、植物纤维等市场。

二、农产品市场信息

（一）农产品市场信息的内容

农产品生产者需要的信息是多方面的。总的来说，主要可以分为以下三类。

1. **市场信息**

市场信息是农产品生产者决策前需要掌握的主要信息。目前，除少数大宗农产品外，我国绝大部分农产品已经放开经营，大量的农产品生产者都面临着激烈的市场竞争。同时，农产品生产者面临国内、国际两个市场的竞争，国外的许多农产品比国内的质优价廉，使我国农产品生产者的竞争更激烈。了解农产品市场供求状况，为农产品生产者决策提供指导，有利于农产品生产者在市场竞争中处于主动地位。

主要的市场信息内容包括：

（1）市场供给信息。上年度产品生产总量、产品进出口情况、本年度产品供给情况预测、相关产品供给情况等。

（2）消费者需求信息。上年度市场消费总量、本年度市场需求量预测、消费者收入水平变化情况、消费者需求偏好变化情况等。

（3）市场价格行情。上期市场价格水平和波动情况、当期价格水平、未来价格走势预测等。

（4）相关政策信息。政府农业产业政策、政府宏观调控政策等。把握国家宏观调控政策信息，对相关生产者来说，也意味着孕育着市场机会。

（5）产品动态信息。市场畅销品种、新品种信息、产品质量标准信息等。先于竞争者获得新品种的信息，在竞争中就掌握了优势，了解各种优质农产品相关质量指标信息，可以指导农产品生产的标准化，使农产品符合市场需求。

2. 实用技术信息

与工业产品不同，农产品在生产过程中，容易受到外界环境的影响而造成损失，如旱灾、涝灾、冰雹、病虫害、瘟疫等。因此，农产品生产者需要先进适用的抗旱、抗涝、抗雹、抗虫、抗病等抵抗自然灾害的技术。在农产品收获后，生产者也需要农产品保鲜技术信息、优质农产品质量标准信息、农产品包装技术信息等实用技术信息。这些信息对农产品生产者解决经营过程中的实际困难，具有较强的现实指导作用。

3. 农业科研动态信息

在竞争越来越激烈的市场环境下，了解科研发展的最新进展，对农产品生产者的未来决策具有重要意义。由于农产品的生产特性，生产周期长，生产过程中不能改变决策，因此，农产品生产者在生产之前，要谨慎决策。掌握农业科研的一些发展动态信息，能够增强决策的准确性。

（二）农产品市场信息收集的方法

农产品生产者如何来获得所需的信息呢？具体来说，生产者可根据信息的种类采取不同的收集方法。

1. 收集二手信息的方法

在市场营销实践中，已经被编排、加工处理出来的数据、资料信息统称为二手信息。获得二手信息的速度较快，而且成本也低。农产品生产者收集二手信息的主要途径如下。

（1）订阅报纸、杂志

农产品生产者可以到邮局订阅市场营销、市场报、农民日报等报纸、杂志，从中获得产品和市场信息。

（2）收听广播、收看电视节目

农产品生产者可以从广播、电视中了解国家政策方针、产业发展情况、产品供求信息等。

（3）购买统计出版物及相关书籍

政府的统计年鉴、农业技术普及读物，也是农民掌握市场信息和生产技术的有效途径。

（4）上网

科学技术不断为人们提供越来越便捷的获取信息的途径，网络就是其中之一。对农产品生产者来说，市场信息显得更加重要，谁先掌握信息，谁就将在竞争中占据优势。因此，具备一定条件的农产品生产者，可以通过网络获取信息，使自己及时把握市场动态。随着网络的发展，我国农产品网络建设方面也获得了较大的发展。农产品生产者可以通过网络获得产品供求、价格、技术、政策、展销会、国际市场动态等各种信息。

2. 收集原始信息的方法

农产品生产者获得的二手信息，多数只能对农产品生产者起宏观指导作用，在涉及具体的某方面经营决策中，生产者还应该收集原始信息。原始信息是指为具体的目标专门收集的信息，如新产品的市场分析、消费者态度调查等。原始信息主要通过市场调查收集，农产品生产者可以根据具体的项目制定市场调查计划。

（三）农产品市场调查计划的编写

农产品市场调查计划的内容主要包括以下四点。

1. 调查的方法

农产品原始信息的收集主要采用问询式调查的方式，也就是直接询问被调查者与调查内容相关的问题。如新产品的命名、口感测试调查、消费偏好调查、广告宣传的效果调查等都可以采用直接询问消费者的方式获得所需信息。

2. 与调查对象的接触方式

农产品生产者在问询式调查中，可通过电话、信件、当面询问等几种方式与调查对象接触。这几种接触方式各有优缺点：通电话的方式灵活、便利，但是受通话时间的限制，双方只能做简短的交流，成本也较高；信件，通信成本低廉，但是回收率不高，而且所需时间较长；当面询问，调查者能根据调查对象的反应灵活处理，深入话题，但这需要大量的高素质的调查人员，成本也较高。农产品生产者可根据具体的调查项目选择接触方式。

3. 调查对象的选择方式

在问询式调查中，农产品生产者还面临一个问题，即如何选择调查的对象。一般来说，选择一部分有代表性的调查对象，即可获取准确性较高的调查结果。调查人员可以采取随机方式选择调查对象，也可以依据年龄、性别、收入水平等不同标准进行分组，从每组中抽取一定数量的人进行调查。

4. 调查表的设计

为了使调查者在调查过程中能围绕调查项目与调查对象交流，在实施调查工作前，调查人员可以设计一份调查表，将所要调查的内容详细列出。设计调查表时，要注意问题形式的设计，可设计有答案选择的问题，也可以设计自由回答的问题；注意问题的表达语气和顺序，使用简单、直接、无偏见的语气；第一个问题应尽可能引起调查对象的兴趣。

三、充分利用农产品市场信息

(一) 信息的加工

信息的加工是在原始信息的基础上，生产出价值含量高、方便用户利用的二次信息的活动过程。这一过程将使信息增值。只有在对信息进行适当处理的基础上，才能产生新的、用以指导决策的有效信息或知识。

1. 信息的筛选和研判

在大量的原始信息中，不可避免地存在一些假信息和伪信息，只有通过认真地筛选和研判，才能防止鱼目混珠、真假混杂。

2. 信息的分类和排序

收集来的信息是一种初始的、零乱的和孤立的信息，只有把这些信息进行分类和排序，才能存储、检索、传递和使用。

3. 信息的分析和研究

对分类排序后的信息进行分析比较、研究计算，可以使信息更具有使用价值乃至形成新信息。

（二）进行预测

预测是对事物将来的发展趋势做出估计和推测。

1. 生产预测

生产预测是对将来农业生产项目、生产规模、产品结构等发展趋势的推测。农民可根据市场调查的信息，发现市场中的规律，做出正确的推测。农民也可以根据这些预测制定长远的发展计划，并随着生产的发展，不断调整生产项目，改善产品结构，扩大生产规模，提高经济效益。

2. 销售预测

销售预测是对农产品供应量、需求量、价格和农产品需求时间的预测。这类预测与农民生产经营最为经常，也最为紧密。供应量预测是对农产品供应数量、供应时间的预测。把握准供应量预测，可以避开供应高峰，提前或延后上市，从而合理安排生产面积，选择生产品种进行生产，在竞争中取得优势。销售价格预测是对农产品在不同供应时间的价格预测。销售价格预测可以决定是否种植、种植多少，以及在什么时间上市价格较好。对农产品需求时间预测是因为农产品生产需要一定时间，进行需求预测要有一定超前性，以便正确安排生产时间，保证产品准时上市。

3. 经营成果预测

经营成果预测是对一定时期内的总收入、总成本、利润等内容的预测。对经营成果的估计应建立在对生产量、销售量以及销售价格预测的基础上。在生产经营开始前农民就已想到了经营成果，对经营成果的追求是生产经营发展的永久动力。

（三）进行经营决策

经营决策是农民对经营达到的目标和实现目标的措施进行的选择和决定。

1. 生产决策

生产决策是对一定时期内，农业企业或农民家庭达到的经营目标、生产目标、选择生产项目、生产规模等问题进行的决定。生产决策是经营决策的核心部分，是决定其他决策方向的关键，是进行农业经济管理的中心环节。农民应充分考虑所具备的资金、劳动力、技术、设施等条件后，根据市场行情的变化趋势确定生产目标和具体的生产项目。进行生产决策时应制定具体的量化目标，一般包括生产面积、产量目标、收入目标和利润目标等。

2. 技术决策

技术决策是经营者为达到经营目标，结合农业生产实际，对采用何种生产技术措施和装备等问题的决定。农民要达到预期的生产经营目标，必须采用相应的技术措施。技术措施的选择，应以适用技术为重点。

适用技术是指在特定条件下能够达到预期目的，综合效益较好的技术。适用技术不一定是先进的技术。适用技术应具备两个基本条件：一是该技术和当地自然、经济条件相适应，特别是与当地农民经济条件相适应；二是必须有良好的效益，包括经济效益、生态效益和社会效益，既能获得良好的经济效益又不会破坏生态环境。

3. 物资采购决策

物资采购决策是经营者根据以上决策对物资采购进行全面的安排，以便按时、按量采购生产所需的生产资料，保证生产的顺利进行。进行物资采购决策时，注意采购生产资料以满足生产项目和技术水平要求为标准，不能贪图便宜，随意购买劣质生产资料。否则，虽然一时占些便宜，但轻者会降低产品产量和质量，重者会造成严重的损失。劣质种子、假化肥、假农药等危害严重，甚至导致绝产绝收。进行物资采购决策时，应办理严格的采购手续，签订采购合同，索取对方出售物资的发票。

4. 销售决策

销售决策是对出售农产品时所采取的销售渠道、方式、价格等问题进行的决定。农产品的销售渠道和方式多种多样，农民应根据产品类型、自身条件、产品产量、市场供求状况和出售价格等因素，确定合理的销售范围；选择合适的销售渠道和销售方式，使产品尽快以合理的价格销售出去，收回资金，降低经营风险。

第三节　重视农产品价格

一、农产品价格的基础理论

（一）农产品价格作用

合理的农产品价格，对农业扩大再生产具有重要作用。农产品价格的作用具体表现在五方面。

（1）农产品价格水平的高低，直接关系到农业生产的发展。农产品价格如果不能补偿农业生产消耗的各项费用支出，就不能维持简单再生产，在商品生产的条件下也就无人愿意从事农业生产。农产品价格如果不能给农业生产提供一定的利润，农业就不可能获得扩大再生产所必需的积累。在商品生产的条件下，也就无法保证农业的发展。

（2）农产品价格直接影响着它在地区之间的流通和农业的合理布局。如果农产品的价格在产地和销地没有差别，农产品的流通费用就无法得到补偿，就没有人会从事农产品的运销。这样，农业在地区之间的合理分工也就成为不可能。

（3）农产品的价格直接影响到农业内部各种生产项目，是否可以按照社会所需要的比例发展。如果社会所短缺的农产品的价格过低，而社会所富余的农产品的价格过高，就会使农业生产的比例关系更加失调。

（4）农产品的价格关系到工业生产的成本和工业品的价格。农产品的价格提高，就会使以农产品为原料的工业生产成本提高，并迫使工业品的价格上升。

（5）农产品价格水平，直接关系着农民的收入和消费者的利益。农产品价格降低，就意味着农民收入的下降。农产品价格上升，就意味着农产品消费者的支出增加。

综上所述可见，农产品的价格是一个既关系到农业生产又关系到工业生产，既关系到农民的收入又关系到国家和广大消费者的利益的一个十分重要的经济问题和政治问题。同时也可以看到，在价格问题上，交织着多方面的矛盾，因而解决好这个问题是很不容易的。

（二）农产品价格的构成

1. 物质费用

物质费用指在直接生产过程中消耗的各种农业生产资料和发生的各项支出的费用，包括直接生产费用和间接生产费用两部分。直接生产费用，是在直接生产过程中发生的、可以直接计入各种作物中的费用，包括种子秧苗、农家肥费、化肥、农膜、农药、畜力、机械作业、排灌、燃料动力、棚架材料及其他直接费用。间接生产费用，是指与各种作物直接生产过程有关，但需要分摊才能计入作物成本的费用，包括固定资产折旧、小农具购置及修理费、其他间接费用等。

2. 人工费用

人工费用指在农业生产过程中的人工投入费用。分直接生产用工与间接生产用工两部分。直接生产用工费用，是指各种作物直接使用的劳动用工费用。间接用工费用，是指多种作物的共同劳动用工费用，这部分费用应按各种作物播种面积进行分摊。

3. 期间费用

期间费用指与生产经营过程没有直接关系和关系不密切的费用，包括土地承包、管理、销售和财务等费用。

4. 利润

农产品销售价格减去物质费用、人工费用、期间费用后的剩余部分。

（三）农产品价格体系

农产品从生产领域进入消费领域，一般都要经过流通领域。农产品在流通领域也要经过不同的流通企业，经过收购、批发、零售等若干环节。每经历一道环节，都要发生一次交换行为，出现一次买卖关系，因而就有一种价格。在收购环节有收购价格；在批发环节有批发价格、供应价格；在零售环节有零售价格。农产品收购价格是基础价格。批发价格属中间环节的价格。零售价格则属于农产品商品的实现价格。这些不同环节的价格，又由购销差价、地区差价、批零差价、季节差价、质量差价等互相联系起来，构成错综复杂的农产品价格体系。

1. 农产品收购价格

农产品收购价格指收购者向生产者收购农产品的价格，也称农产品采购价格。在我国主要是指国有企业和供销合作社向农业生产者收购农产品的价格。它是农产品进入流通领域的第一道价格，是制定农产品其他销售价格的基础。它体现着国家与农民、城市与农村、工业与农业的关系。新中国成立以来，随着我国农产品供求及经济体制的变化，农产品收购价格的形式也在相应地变化，前后计有统购价、派购价、超购加价、议价、委托代购价、国家定购价、市场收购价等。

2. 农产品销售价格

农产品销售价格包括农产品产地批发价格、销地批发价格、零售价格。

（1）农产品产地销售价格

它是农产品产地批发企业向批发企业或零售企业出售农产品时所采用的价格。一般是在产地收购价格基础上，加购销差价确定的。购销差价内包括产地企业合理的经营费用、税金和一定的利润。

（2）农产品销地批发价格

它是销地批发企业向零售企业或向生产单位出售农产品、工业原料的价格。大中城市和工矿区所需农产品数量大，多由产地集中，经销地批发环节再分散供应。因此，销地批发价格常在产地批发价基础上，加销地企业的合理费用、税金和利润制定。

（3）农产品销地零售价格

农产品零售价格是流通过程中最后一个环节的价格，也就是与消费者的见面价。合理的农产品零售价，直接关系到市场物价稳定。因此，应十分重视农产品零售价的管理。农产品零售价格，一般是在销地批发价基础上，加批零差价制定。

二、农产品定价

（一）农产品定价时应考虑的因素

在农产品进入市场之前，生产者应确定合适的价格，这是一项非常复杂、细致的工作。综合来看，生产者应主要考虑以下三个方面的因素。

1. 生产成本

农产品在生产过程中投入了多少生产费用，如购买种子、化肥、农药及其他生产资料的支出，还有劳动用工等，农产品加工品的生产成本则包括厂房、机器、设备、原材料、人员、资金等投入费用。对这些费用进行初步计算，就得到了在产品定价中第一个必须考虑的因素——生产成本。将生产成本除以收获的农产品总量，得到单位农产品生产成本。在农产品销售过程中，产品的定价应至少与单位农产品生产费用相等，也就是说，至少要能弥补成本，不亏本。在市场竞争激烈的情况下，农产品生产者在短期内可暂时撇开考虑弥补厂房、机器、设备投入的费用，仅弥补原材料、人员工资的费用。

2. 市场需求

在考虑产品生产成本的基础上将价格的决策权交给消费者，由消费者决定产品的定价是否正确。由于农产品大多是家庭日常消费品，本身商品价值不高，因此，农产品生产者不能将价格定得过高。同时，一般消费者都具备一定的农产品质量辨别能力，消费者在购买农产品的时候会根据自己的判断来确定产品的品质和价格，农产品价格定得过高，消费者根据自己的理解认为不值就不会接受。因此，在农产品的定价过程中，生产者应对产品在消费者心目中的价值水平做出初步判断，以此作为产品定价的依据。如果你的产品质量好，或者产品具有新、奇、特等特征，而且是深加工、精加工产品，消费者对产品的理解价值也会提高，这时可以相对定高价，这也体现了优质优价的定价原则。

3. 竞争者的产品和定价情况

竞争者的产品定价情况指生产同类农产品的其他生产者，他们的产品具有什么特色，价格定位在什么水平。从竞争者产品特色上可以了解自己在竞争中是否具有优势，而竞争者的价格定位水平可以作为自家产品定价的参考。一般来说，农产品生产者可选择将产品定价低于竞争者、与竞争者同等或高于竞争者。在生产者实力较为弱小、信誉不高或其产品是大路货，没有什么特色、优势时，为求得在市场上占有一席之地，可以采取低于竞争者的价格方式定价。对于实力一般的生产者，则可制定与竞争者同等水平的价格，避免双方间的价格竞争。而实力较为强大，或产品具有竞争对手没有的特色的农产品生产者，在消费者愿意为获得优质、特色的产品支付较高价格的情况下，定价可高于竞争者的价格。

（二）农产品定价策略

1. 心理定价策略

（1）奇数（尾数）价格策略

又称零头定价策略，指企业为了迎合消费者心理，给农产品制定一个带有零头的数结尾的价格策略，如 0.99 元、199.8 元等。它会给消费者一种经过精确计算后才确定最低价格的心理感受，使其增加信任感，从而扩大其商品的销售量。

（2）整数价格策略

为了迎合消费者"价高质优"的心理，给商品制定了整数价格策略。对于价格较高的高档商品、耐用商品、馈赠礼品宜采用该策略。

（3）分级价格策略

把商品按不同的档次、等级分别定价。此方法便于消费者根据不同的情况按需购买，各得其所，并产生信任感和安全感。

（4）声望价格策略

凭借在消费者心目中的良好信誉及对名牌产品偏好的心理，以较高的价格进行产品定价。

（5）招徕价格策略

为了迎合消费者求廉心理，暂时将几种消费品减价以吸引顾客招徕生意的策略。该策略对日用消费品比较奏效。

（6）习惯价格策略

习惯价格策略指对已经是家喻户晓、习以为常、消费者难以改变的常用商品采取的价格策略。习惯价格不宜轻易变动，否则容易引起反感。

2. 折扣与折让策略

（1）现金折扣

现金折扣也叫付款折扣，是对在约定付款期内现金付款或提前付款的消费者，在原定价格的基础上给予一定的折扣。例如，20 天付清的款项，当场付款，给 5% 的折扣；若提前 10 天付款，则给 2% 的折扣；20 天到期付款，则不给折扣。

（2）数量折扣

数量折扣指根据购买数量，给顾客以一定幅度的折扣。有两种形式：一是累计数量折扣，在一定时期内（一个月、一年），顾客购买产品的总量超过一定数额时，按总量给予一定的折扣。二是非累计数量折扣，按照顾客一次购买达到一定数量或购买多种产品达到一定金额时所给予的价格折扣。

（3）功能折扣

功能折扣是生产企业给予愿意为其执行推销、储存、服务等营销职能的中间商的额外折扣。

（4）季节折扣

生产季节性产品的企业或农民对销售淡季来采购的买主，给予折扣优惠；零售企业对那些购买过季商品或服务的顾客给予一定的折扣。

3. 差别定价策略

农产品生产者还可以根据产品形式、顾客、销售地点的不同，把同一种农产品定为不同的价格。实践中主要差别定价有四种方式。

（1）顾客差别定价

农产品生产者将同一种农产品按照不同的价格卖给不同的顾客。一般来说，顾客的差别主要体现在其收入水平上。如对收入水平较高的大中城市和经济发达地区的消费者制定较高的价格，而对收入水平较低的中小城镇和经济欠发达地区的消费者制定较低的价格，这种定价方式比较适合于名、新、特、优的农产品。

（2）产品形式差别定价

农产品生产者根据产品的外观不同、包装不同，对质量、成本相近的产品，可以制定不同的价格。在传统的生产经营中，农产品生产者不太注重通过对产品分级、分类、包装使其增值，使其出售时失去获得较高的附加利润的可能。在现代商品生产实践中，农产品生产者要增强这方面意识，从产品的生产过程中做起，尽量拉大产品的利润空间。对农产品的分组分类主要从外在品质来认定，这是农产品营销中区别于工业品营销的一个重要特点。

（3）销售时间差别定价

销售时间差别定价指农产品生产者对不同季节、不同时期出售的同一种产品，分别制定不同的价格。这种策略比较适合于鲜活农产品。生产者在种植反季节农产品的时候，由于投入较高，因此，决策时要注意把握市场需求动态，选择好种植种类和品种，若随意跟风，一拥而上，你的产品差异优势就不再存在。

（4）销售地点差别定价

销售地点差别定价指农产品生产者每个地点供货的成本相同，但是可以根据产品销售地点的不同，分别制定不同的价格。

4. 地区定价策略

（1）消费者承担运费定价

消费者承担运费定价是由消费者承担产品由产地到消费者购买产品地区的运输费用。产品的销售价格是在产品生产成本、适当利润的基础上加上产品运输费用，将总费用分摊到销售的每一单位产品上来获得。

（2）统一交货定价

统一交货定价也叫邮资定价，企业对于卖给不同地区顾客的同种产品不问路途远近，一律实行统一送货，货款均按照相同的厂价加相同的运费定价。对任何一个子市场都实行相同的价格。

（3）分区定价

分区定价就是企业把一个地区分为若干价格区，分别制定不同的地区价格。距离企业较远的地区价格较高。

（4）基点定价

企业选择某些城市为基点，然后按照一定的厂价加上从基点城市到顾客所在地的运费来定价。卖方不负担保险费。

（5）运费免收定价

企业对于不同地区的顾客不收取运费，以此吸引顾客，加深市场渗透。利用这种方式定价，使产品销售价格低于竞争对手，在竞争中具有一定的价格优势，有利于产品打开市场。如果产品销量加大，销量的增加将使产品平均成本降低，这可以弥补运输费用的支出，也是有利可图的。这种定价方式常被用于市场竞争激烈的情况下，对农产品生产者也是适用的。为使农产品进入新的市场，短期内，可以不考虑利润的多少，主要考虑提高产品的市场占有率，确定低廉的销售价格，以在新的市场上站稳脚跟。

三、充分利用农产品价格

农产品生产者和经营者处于一个不断变化的环境中，为了生存和发展，有时候需要主动调整价格，有时候需要对价格的变动做出适当的反应。

（一）农产品生产者降低价格

在下列情况下，农产品生产者可以采取降价的策略。

1. 生产能力过剩

农产品与工业品不同的显著特点之一是产品的生产周期较长，部分产品生产过程中受自然条件影响较大。当温度、光照、降水等自然条件适宜，风调雨顺，病虫害较少，种植业农产品易获得丰收。但是，由于农产品大多需求相对稳定，即使生产过剩，消费者也不会增加太多购买量。同时，农产品生产周期较长，短时间内不能进行产品改进，由此出现季节性农产品生产能力过剩。这时，农产品生产者应考虑降低产品价格，促进产品的销售。

2. 市场竞争压力强大

在激烈的市场竞争中，生产同类农产品的生产者越来越多，随着市场的开放，国际市场的农产品进入国内市场的数量越来越多，农产品的新、奇、优特点差异空间在逐渐变小，为了巩固产品原有的市场，农产品生产者可以考虑采取降低价格的策略，维持产品的市场占有率。

3. 自身成本费用比竞争对手低

当农产品企业不断发展壮大，企业达到一定规模，具有一定的品牌效应，消费者对产品的信任度较高，产品深受消费者欢迎，产品的销量达到一定水平，平均成本降低时，可以通过降价进一步提高市场占有率，将实力较为弱小的生产者挤出市场。

我国由于耕地限制和传统生产习惯制约，农产品的生产规模较小，具有较强国际竞争实力的农产品经营企业几乎还没有，导致农产品生产者实施降价策略的原因主要是季节性的生产能力过剩和市场竞争的压力，而且，许多农产品生产者是被动降价。

（二）农产品生产者提高价格

在下列情况下，产品生产者可以采取提价的策略。

1. 生产成本上升

农产品的生产成本上升主要体现在：农业生产资料涨价，如种子、农药、化肥等，生产原料涨价，如饲料。生产资料和原料的涨价使生产者为保持原有利润，可以提高产品销售价格。

2. 产品供不应求

产品供不应求，不能满足所有顾客的需要。在这种情况下，农产品生产者可以采取提价策略。农产品生产者在运用提升价格的策略中可运用一些技巧，较为隐蔽地提高价格。如对于一些罐装的果汁、饮料、鲜奶，可以适当减小容量，包装不变，但消费者不易察觉；适当提高产品中高档产品的价格，通过高档产品弥补成本。如果公开提价，则要通过宣传，说明提价的原因，做好顾客说服、沟通工作，减少消费者的抱怨情绪。

（三）充分利用农产品价格变动，采取积极应对措施

虽然农产品生产者对产品价格的调整，大部分属于被动调价，但是，无论是主动还是被动，对于产品市场价格的变化，农产品生产者不能仅仅是被动应付，在价格战中要采取各种措施积极应对。

1. 努力寻找新的市场

我国地域辽阔，农产品的生产受自然条件限制，区域差别较大，在某一地区市场上供过于求，在其他地区则不一定，此时，农产品生产者应将重点放在扩大消费者数量上，努力寻找需求还没有得到满足的消费者。

2. 加强农产品宣传

不降低产品价格，维持原价，加强产品质量宣传，通过与顾客进行交流，如开展样品展销会，努力使买主感受到自己的产品优于降价的其他同类产品，使消费者坚持"一分钱，一分货"的信念。这种策略比较适用于产品质量较优的农产品生产者。

3. 降低价格

在市场价格能够弥补成本的情况下，农产品生产者为保持竞争中的价格优势，使自己的市场份额不被竞争对手抢走，也可以采取降价策略。

4. 提高产品质量

目前农产品市场竞争中，价格变化快、竞争激烈、供过于求的产品主要是一些质量一般、不符合消费者需求升级后的普通产品，而市场上一些新、特、优的农产品仍然卖价较高，生产者获取的利润也较大。因此，从长期来看，农产品生产者要从非价格策略着手，根据市场需求和地方自然条件，生产符合消费者需求的产品，抓好产品质量和分级分类工作，使产品进入市场后，竞争环境相对宽松，从而减轻价格波动。

5. 促进产品加工升级

农产品仅仅做到专业化生产，产后的分类、分级还只是简单的粗加工，利润增加不大。生产者应努力开发农产品的深加工、精加工。加工后的农产品，卖价的提高远远大于成本的增加，能够给农产品生产者带来较高的利润附加值，竞争对手相对也较少。

第四节 大力发展农业物流

一、农业物流的基础理论

（一）农业物流的作用

1. 建立现代农业物流体系是建设和完善高效农业社会化服务体系的要求

我国农业生产粗放，劳动生产率低下，专业化水平不高，优质产品少，市场化程度不够，农业结构性矛盾突出。其原因是缺乏高效的服务体系。只有通过物流体系的确立，健全农业服务体系，才能果断地调整产业结构，实行产业化经营。

2. 建立现代农业物流体系，是促进农民重视农业管理和成本核算的驱动力

我国广大农村一直是"重生产，轻核算"。农民为能获取经济效益，往往只重视降低生产和销售成本，却忽视了物流中潜在的利润。物流不仅具有在企业生产、供应和产品销售领域提高经济运行效率的价值，同时在降低企业生产成本、增加企业盈利、推动企业经营的价值方面也具有显著的意义。许多国家把物流称之为"降低成本的宝库"，是"第三个利润的源泉"。随着科技文化素质的提高，农民已经从城市工商业管理中认识到了农业成本核算的重要性，并试图通过发展物流及加强物流管理，来推动农产品市场流通和经济繁荣，促进农村经济的发展和农业现代化的实现。

3. 建立现代农业物流，可以大大降低和分散农业经营风险

我国加入 WTO（世界贸易组织）后，农产品市场竞争加剧，如何使农业减少风险，赢得更多的利润，是农业生产者棘手的问题。此时物流管理在抗御风险方面的作用被广泛关注。例如，种子公司将承担种子发芽不齐的风险，农药公司将承担农药不能发挥作用的风险（在我国可能表现为承担假药的风险），仓储公司将承担鲜活产品的储藏风险，农产品贸易公司将承担市场风险即价格变动的风险等，这样一来就实现了农业生产和农民风险的部分转移。通过农业物流体系的建立，可以促进农产品生产者与其生产资料的供应商、

农产品的加工商和销售商形成战略联盟，使众多农民、农业中小企业形成集约化运作，降低物流成本。

4. 农业物流体系可以推动我国农村经济结构调整，促进农村城镇化建设

理论上农业物流体系的创建，在实践中却主要体现为在农村建立物流产业，它属于专门为农业生产服务的农村商品流通企业。由于我国国土面积大，经济发展和物流的关系就显得更为密切，物流产业就显得更加重要。通过建立适应农村经济和农业生产的物流体系，或对目前存在于农村的相互独立的具有物流特征的企业进行资源重组，将在很大程度上促进支农企业的发展。

（二）农业物流的分类

根据农业物流的管理形式不同，可以将农业物流分为：供应、生产和销售等物流。

1. 农业供应物流

为保证农业生产不间断进行，保障农村经济发展，供给和补充农村生产所需生产资料的物流。主要是指农业生产资料的采购、运输、储存、装卸搬运。农业生产资料包括种子（种苗、种畜、种禽）、肥料、农药、兽药、饲料、地膜、农机具以及农业生产所需的其他原料、材料、燃料等，包括电力资源和水利资源。

2. 农业生产物流

从动植物和微生物的种养、管理到收获整个过程所形成的物流，包括三个环节：一是种（植）养（殖）物流，包括整地、播种、育苗、移栽等；二是管理物流，即农作物生长过程中的物流活动，包括除草、用药、施肥、浇水、整枝等，或动物的喂养、微生物培养等所形成的物流；三是收获物流，即为了回收生产所得而形成的物流，包括农产品采收、脱粒、晾晒、整理、包装、堆放或动物捕捉等所形成的物流。

3. 农业销售物流

农产品的加工和销售行为所产生的一系列物流活动，包括收购、加工、保鲜、包装、运输、储存、配送、销售等环节。与工业品相比，农产品的特点在于：一是易腐性。农业产品一般都是生鲜易腐产品，商品寿命期短，保鲜困难。二是笨重性。农产品的单位价值较小，数量品种较多。三是品质差异大。由于对自然条件的可控力不强，农业生产受自然条件影响大，即使按统一标准生产的农业产品质量也会存在一定的差异。四是价格波动大。农产品的价格在一年、一个季节，甚至是一天之内也可能有频繁、大幅度的变动。以上农产品特性给农产品物流管理的储存、运输、包装、装卸搬运、配送等均增加了难度。

（三）农业物流的基本特征

1. 农业物流涉及面广量大

农业物流的流体包括农业生产资料和农业的产出物，基本涵盖了种苗、饲料、肥料、地膜等农用物资和农机具，以及种植业、养殖业、畜牧业和林业等，物流节点多，结构复杂。由于农业在我国国民经济中的重要地位，使得与农业息息相关的农用生产资料的产销供需量庞大，化肥使用量占世界的首位。用于生活消费的农产品主要以鲜食鲜销形式为主，在分散的产销地之间要满足消费在不同时空上的需求，使得农业物流面临数量和质量上的巨大挑战；现在用于生活消费的农产品商品转化比例相对较低，但是以农产品为原料的轻工、纺织和化工业在我国工业结构占有重要地位。

2. 农业物流具有独立性和专属性

由于流体——农业生产资料和农产品的生化特性使得它有别于一般物流的流体，所以农业物流系统及储运条件、技术手段、流通加工和包装方式都具有独立性，而农业物流的设施、设备和运输工具也具有专属性。因此处于起步阶段的中国农业物流所需投入大，发展慢。

3. 保值是我国农业物流发展的核心

如何运用物流技术使农产品在物流过程中有效保值，这是当前比农业物流增值更为重要的核心问题，减少农产品物流和流通损失应该放在与农业生产等同重要的地位。

二、建立健全农业物流体系

（一）政府大力支持与多渠道开发并举

政府采取措施，加强农业现代物流所需的基础设施建设，根据各地的自然条件和经济状况，在财政投入上向基础设施建设倾斜，通过各种方式推进农业现代物流的发展。要通过政策引导，对投资农业现代物流建设的企业提供具有吸引力的优惠措施，吸引有实力的企业参与农业现代物流建设，形成多元化农业现代物流建设体系。要通过调整税收政策，充分利用资本市场，促进农业现代物流的发展，鼓励有实力的农业物流企业对小企业进行收购、兼并和资产重组，把物流企业做大做强。

（二）加强农业物流基础设施平台建设

由市场、交通、运输、仓储、库存、装卸、搬运、包装、加工和配送等基础设施设备的硬件构成。它是支撑现代农业物流活动高效、稳定运行及其经济快速发展的基本平台。近年来，我国农业物流相关的公路、铁路运输得到了较快发展。除整车运输外，集装箱运输、大型货物运输、特种车运输都取得了较快发展。运输装备得到改善，路况变好、路程缩短，有利于减少鲜活农产品运输损耗，降低农业物流成本。但在现代化仓储设施、专业化农业运输工具、物流机械化设施和交通设施等方面仍需进一步建设和完善。

（三）加快农业物流网络信息平台建设

农业物流网络信息平台以现代软件工程为基础，提取与涉农领域有关的信息，结合信息基础设施与公共应用支持，为农业物流企业及客户提供数据共享服务。农业物流网络信息平台，不同于一般涉农企业的物流信息系统。它以整合涉农领域内固有资源为基础，通过行业资源共享，发挥领域内的整体优势，为企业物流信息系统提供涉农基础信息服务，支持农业供应链管理过程中各环节的信息交换，以真正实现物流企业间、企业与客户之间涉农物流信息和涉农物流功能的共享，推动农业专业化生产、集约化加工、企业化管理、一体化经营以及社会化服务。

（四）加快物流技术支撑平台建设

由运输、仓储、包装、信息等物流技术创新体系构成。它是实现和完善现代农业物流功能的手段。我国应坚持自主创新与引进开发相结合，研发物流车辆与运输管理技术，大力开发罐装车、冷冻车等专用车辆，推动货车大型化、专用化和集装化；推行北斗卫星导航系统（BeiDou Navigation Satellite System，简称 BDS）、全球定位系统（Global Positioning System，简称 GPS）的车辆跟踪定位系统、车辆运行线路安排系统（Vehicle Routing and Scheduling System，简称 CVPS），实施车辆计时监控，促使运输管理自动化、科学化。研制开发仓储设备和库存管理技术，大力推广高层自动化货架系统和仓储管理电子信息技术。创新搬运装卸技术装备，采用各式叉车，推广单元化装载。加强包装材料、设备和方法的研究。着力推行 EDI 电子数据交换技术，运用电脑进行订货管理、库存控制配送中心管理、运输车辆及运行管理，提高信息反馈速度，增强物流供应链的透明度和控制力。

（五）大力发展农业第三方物流

发展专业化的第三方物流企业有利于农业发展，能够降低流通成本，提高农产品的附加值和使用价值，增强农业竞争力。一是尽快培育和发展一批专门为农业生产全程提供物流服务的社会化的第三方企业和组织，使之成为农业现代物流发展的示范者和中小物流企业资源的整合者。第三方物流企业在发展初期可以通过让利或提供免费体验服务等方式，让农业生产者和经营者增强对第三方物流企业的信心。同时，应根据不同客户要求，针对性地设计相应的物流解决方案，在降低客户物流成本的基础上开发市场潜力，促进农产品增值效益最大化。二是鼓励农业产业化龙头企业之间，龙头企业与商业、运输、仓储企业间的联合，着力打造一批优势农业物流企业。三是推进传统储运企业、粮食系统企业、供销系统企业、农业系统、农资经销单位向第三方农业物流转变，并积极吸引国外优秀的物流企业加盟，壮大农业第三方物流的规模和实力。

（六）推进农业物流标准化建设

成立全国性的农业物流标准化管理组织，尽快消除物流标准化工作的体制性障碍，加快物流系统、物流环节间的标准组织协调工作。加强物流标准化体系的研究，明确标准化的发展方向和主攻方向，系统规划物流标准化工作，避免计划的盲目性、重复劳动和遗漏。从我国实际出发，积极借鉴国外先进物流标准，制定国内农业物流标准，加快我国与国际物流标准的协调统一，并大力推进与国际接轨的农业物流设施和装备的标准化建设。加强对农业物流标准的实施贯彻和监督管理工作。

三、展望农业物流发展的趋势

（一）第三方物流服务方兴未艾

在全球化经济的发展下，企业为了增加竞争力要大力发展核心业务，企业分工趋于专门化将促进第三方物流企业的发展。第三方物流的发展将有利于物流的专业化、规模化、合理化，从而提高物流系统的效率和降低物流成本。发展第三方物流的途径是：通过鼓励合资、合作、兼并等整合措施，扩大现有第三方物流企业的经营规模；通过建立现代物流行业规范，促使小规模物流企业转型；通过修订和完善各种法规和政府行为，打破现有各种市场条块分割的制约，促进第三方物流企业跨地区、跨行业发展；以提高服务质量、降低物流成本为核心，推动物流企业的管理和技术创新。要使第三方物流企业能够提供优于第一方和第二方物流的服务，同时要鼓励生产企业和流通企业更多地使用第三方物流。只有这样，农村第三方物流才能得到快速发展。

（二）物流行业将在未来几年进一步进行资源重组，提高行业的整体水平

物流作为一种新兴的行业，国内很多人对物流的概念理解不透彻，导致物流公司在国内遍地开花，一张桌子、一部电话就能成立一家物流公司，随着物流概念的深入，为了实现其节约成本的作用，更为迫切的是需要对行业进行重组、整合，走行业正规化道路，使

行业优势更为突出。因此，在未来几年，物流行业资源重组，优胜劣汰是行业发展的大势所趋，也是行业从发展到成熟的必然经历。

（三）信息技术是提升物流作业水平的最重要的工具

通过物流信息系统的广泛应用，可以辅助物流作业，提高物流作业的准确性和生产率；改进业务流程，快速响应市场变化；提供更多的信息，提高客户满意度；促进物流信息合理流动，提高整个供应链系统的合理化水平和社会效益；通过知识挖掘和辅助决策，提高管理决策水平等。总之，物流信息系统可以从多方面为管理服务，提高组织管理水平，提升组织的核心竞争力；信息技术在物流系统中的应用，降低了物流成本，提高了物流系统的运作速度、效率和效益，提升了物流系统的服务质量及服务水平，为物流系统的创新与变革提供基础支撑与推动力，成为提高物流系统生产率和竞争能力的主要来源。

（四）物流会成为国家新的经济增长点

我国经济发展带来一个巨大的潜在物流市场，物流是第三利润源泉，现代物流产业是拉动经济增长的重要力量源泉，对我国国民经济增长产生新的拉动与支持作用，对我国相关产业发展起到促进和协调作用，对于解决我国经济发展中的难点问题起到关键性作用。目前，我国巨大的经济总量已经产生巨大的货物流量，同时也带来一个巨大的潜在物流市场。

物流与第一产业农业相结合，便成为农业物流业，加入世贸组织后，我国粮食生产比较优势降低，但围绕粮食生产、购销、运输、仓储、加工、配送的粮食物流、农业物流、支农物流却是一个大有前景的服务性产业，有利于新农村建设，解决"三农"问题。我国物流产业正在迅速兴起，市场正在加速形成，从整体上来说，这有利于现代物流业成为我国经济发展的重要产业和新的经济增长点。

（五）绿色物流将成为新增长点

物流虽然促进了经济的发展，但是物流的发展同时也会给城市环境带来负面的影响。为此，21世纪对物流提出了新的要求，即绿色物流。

绿色物流主要包含两个方面：一是对物流系统污染进行控制，即在物流系统和物流活动的规划与决策中尽量采用对环境污染小的方案，如采用排污量小的货车车型，近距离配送，夜间运货（以减少交通阻塞、节省燃料和降低排放）等。发达国家政府倡导绿色物流的对策是在污染发生源、交通量、交通流等三个方面制定了相关政策；二是建立工业和生活废料处理的物流系统。

第四章 农村金融和农村区域经济的发展

第一节　新农村建设与农村金融机构建设

农村金融是构成一个国家宏观金融体系的重要组成部分。基于"经济决定金融，金融反作用经济"这一理论，一个国家农村金融的发达程度由该国农村经济发展情况所决定，同时农村金融状况的好坏在很大程度上影响着农村经济发展的速度。

一、新农村建设与农村金融的关系

农村金融是我国金融体系的重要组成部分，是建设社会主义新农村的重要条件，是支持服务"三农"的重要力量，在"三农"发展、新农村建设进程中，财政对农业基础设施和农村公益事业的投入固然重要，但广大农业企业和农户所需的生产经营资金仍主要依靠农村金融支持。

农业、农村、农民问题，也称"三农"问题，是关系到党和国家工作全局的一个根本性问题。农业是国家自立和工业发展的牢固基础和支持，没有农村的稳定和全面进步，就不可能有整个社会的稳定和全面进步。农业丰厚，基础就牢固；农村稳定，社会就安定；农民富裕，国家就昌盛。

自新中国成立以来我国一直在强调农业是国民经济的基础，改革开放以来一直在强调农村改革的重要性，特别是近年来更是将"三农"工作作为全党工作的重中之重，强调统筹城乡发展的重要性。要想解决"三农"问题，必须加强新农村建设，加强新农村建设需要农村金融的资金支持。农村金融离不开新农村建设，新农村建设对农村金融有决定性的作用。

农村生产力水平的发展程度和农村商品经济的成熟程度，决定了农村金融规模的完善程度和发展程度。在一些经济相对成熟和发达的国家和地区，经济发展水平相对较高，因此在农业生产中机械化程度和科技含量相对较高，管理体制和制度相对完善，以大型农场为主要经营模式。因此，在生产过程中所需要的资金量较大，不能仅靠政策性金融提供的资金来满足正常需求。在经济欠发达的国家和地区，农业生产相对分散，主要以个体农户为单位，机械使用率较低，管理相对松散。在这种情况下，生产者在生产中所需要的资金量相对较少。

农业生产和农村经济效益的提高对于农村金融效益的提高具有根本性的决定作用。伴随着农业体制的改革，传统农业逐步被现代农业所替代，农业生产经营活动的效益也在不断地提高。在相对发达的国家和地区，农业生产多以机械代替人力，劳动效率普遍较高，同时现代科学技术在农业产业中的广泛应用以及配套的保险产品和国家的大量补贴，使得农业和工商业的经济效益相差并不大。而在经济欠发达的国家和地区，农业生产主要靠人力，因此农业经营效益与工商业经营效益的差距很大。

农村经济在不同发展阶段对资金的需求状况，给农村金融发展的趋势和发展提供了重要的现实依据。农业生产者进行生产投资时产生的资金缺口决定了农村金融所面临的市场规模，以及需要提供什么类型和特点的金融产品才能满足这个市场。

农村经济基础对农村金融市场起着决定性作用，即经济基础决定着上层建筑，市场需求决定着市场供给。因此新农村建设对农村金融有着关键性的作用，只有加强新农村建设，打好经济基础，才能有利于农村金融体系的建立及完善。农村金融影响新农村建设。

虽然农村金融的建立和发展面临着巨大的挑战，但农村金融在经济生活中的重要性不容忽视，它是农村经济得以顺利进行的重要支柱。在新农村建设中起到举足轻重、不可或缺的作用，给新农村建设以强大的保障。

农村金融健康良好的发展给予农村经济的发展大量的资金支持。随着新农村的建设，农业生产和农村经济活动的广泛开展，无论从农村基础设施的建设，到扩大农业生产规模，再到提高科学技术含量等各方面都离不开农村金融提供的充足的资金支持。

农村金融在农村经济活动中处于主导地位：在新农村建设的任何环节上如果缺乏了资金的供应或资金周转缓慢，都会对其发展进程和实际实施效果产生或轻或重的影响。同时农村货币流通的稳定性，可以影响到农村商品流通的稳定性，因为资金流通速率和流通中商品的总价值之间的合理调配，会极大地影响农业产品的价格、农业人口的收入以及新农村建设的成效。

二、新农村建设的可持续发展

土地是农民赖以生存的资源，它关系着广大农民的切身利益，是农业发展的基础生产资料，是农民的生存之本，同时也关系着国家的粮食安全，为此必须要守住耕地18亿亩的红线。但近些年来，随着工业化和城镇化的推进，给农村发展带来了新的机遇，农民可以选择更多的农业生产以外的工作，农民的收入有了明显的增加，农村的面貌也随之发生了巨大的改变，在看到经济效益的同时，一些矛盾和问题也应该引起我们足够的重视，特别是土地问题，如果解决不好就会阻碍我国经济发展。

（一）土地资源合理有效管理的措施

1. 对土地法规进行不断完善，健全相关法律体系

基于我国特定的社会政治经济条件，要实现土地资源市场化配置，需要得到政策的支持和保护，更需要得到法律的保障。政府应加大支持和保护力度，健全我国相关法律法规体系。一是要进一步提高对加快农村土地资源配置市场化重要性的思想认识，积极推动和正确引导农村土地资源配置市场化。二是要加强土地使用权立法，构筑新的法律体系来维护我国土地使用权的正常流转，促使农村土地使用权配置市场化健康发展。三是要制定和完善农村土地制度、农村土地市场交易规则等方面的法律法规，规范农民对土地资源的支配方式及行为，保护其合法权益。

2. 对耕地合理规划科学管理，提高土地利用率

要以科学合理的方法，对农村土地进行规划和利用，按照控制总量、合理布局、节约用地、保护耕地的原则，完善土地利用法规，控制土地利用的整体程序，规范耕地面积的调整与规划，同时要严格落实，经常进行检查。对耕地要统一规划、合理分类，对不同的土地选择相适宜的农作物进行耕种，做到优化配置，以获取最高经济效益为目的，优化土地用途，提高土地使用率。

3. 对生产方式进行合理改善，提高土地生产收益

粮食危机成为全球关注的一个重大问题，也是我们国家在农业生产方面要引起重视的问题。因此，必须对耕作方式进行合理改变，提高农产品产量，提高农民收入水平，增强农民种地的积极性。一是政府出台相关的政策，做好管理和指引。政府加大对农业基础设施改造的投资力度，完善基本农田保护制度，对从事规模化、机械化生产的个人或者企业给予政策上的优惠，例如为其提供农业生产的必需品，对农产品的运输等给予相应的支持。二是加大政府补贴，以减轻农民负担。国家拿出一部分经费来租种农户撂荒的土地，安排专人进行统一化耕种和管理；同时，根据各地的实际情况，进行土地耕作的探索创新，高效利用土地。三是推广农民股份制，实行以土地使用权或承包权为主入股的联合经营。既可以提高农民在土地经营中的抗拒风险的能力，大力提高土地资源的利用率，也能

把农村的分散资金集合起来，以小合大，促进农村的规模化生产。

4. 对土地资源加强管理监督，规范土地流动转让

面对农村土地资源撂荒和使用效率太低的现状，探索新形势下农村土地资源开发利用的管理监督制度刻不容缓。面对土地利用效率低下的情况，鼓励合法转让，以公正、公平、公开的方式，承包给有能力提高土地利用效率的单位和个人，并鼓励农民以闲置的土地入股，走规模化集约型的经营道路。在此过程中，一定要加大监督检查的力度，防止以权谋私、乱批乱占、中饱私囊的现象产生。具体来说，应该加强基层村民委员会的监督，明确权利义务范畴，涉及重大土地流转时必须采取民主集体协商，流转所得收入及其分配需要做到公平、公正、公开。同时，上级主管部门要建立土地使用市场监管机构，明确其权利和责任。要完善土地使用价格评估体系，综合土地资源的各种现实条件和国家给予土地的相关政策，制定出科学完善的土地使用价格体系，作为大规模的土地使用权流转的参考依据。地方各级相关部门需要积极主动加强与相关各个部门之间的交流和协调，完善协作和配合，健全各种协商、调节机制，切实保护好农民的合法权益。

5. 对土地流转模式不断创新，建立有序高效机制

农村土地流转需要建立和完善农村土地使用权市场制度。一是政府规范和完善征地的申请和审批制度，确立合理的"转用价格"以保证农民的切身利益，在加强监督和管理的同时，适度放开和搞活农村土地使用权市场，建立各方之间的多向流动关系，扶植起合法、完善的土地产权及使用权交易中介组织。二是土地流转在坚持不改变土地集体所有制、不改变土地用途、不损害农民土地承包权益的重大原则下，积极尝试各种土地合作方式，改变非法交易的状况，减少不规范的操作，探索出一条由政府宏观调控的土地流转模式。比如，加强信息服务及中介机构的建设，提供土地政策法规，集中收集农民土地流转信息，及时公布和提供土地供求信息、土地交易行情及结果，并按一定的规则进行交易和签订相关合同，避免土地私下交易造成的混乱状态，使农村土地流转可以有序、公平地进行。

（二）农村劳动力资源的特点

劳动力是指具有劳动生产能力的人类个体，是人在生产劳动中所能付出的体力和脑力的总和。根据我国劳动就业制度规定，男的在 16 周岁到 60 周岁之间，女的在 18 周岁到 55 周岁之间，都列为劳动力资源。农村劳动力是新农村建设中最主要的资源。农村劳动力资源是指农村中具有劳动能力，同时可以从事劳动生产的人口的总和。

第一，劳动力是一种主体能动性资源，既是在生产建设过程中被开发和利用的客体，

同时又是在生产建设中开发和利用其他资源的主体。

第二，劳动力是一种动态资源，其作用于生产建设的劳动时间不但与其主体的生命周期相关联，同时也与其主体从事劳动生产活动的意愿相关联。

第三，劳动力是一种双重性质的资源，农村劳动力是经济活动的从事者，是新农村的创造者，农村的财富靠劳动力来创造；同时，农村劳动力也是经济生产成果的消费者。因此合理地开发农村劳动力资源的创造性和消费性，有利于农村经济的良性循环。反之，两者之间开发利用的不合理会造成经济增长的负担，诱发社会的不稳定。

第四，劳动力是一种智力因素可塑性很强的资源，智力因素对于农业经济发展和新农村的建设起到了重要的作用。农村劳动力普遍接受教育程度不高，因此具有很大的可塑空间，加大农村劳动力的文化教育培养力度，提高农村劳动力的文化教育程度，对于新农村建设具有积极而深远的影响。

总而言之，新农村的建设离不开农村的劳动力，广大农民是新农村的主要建设者。不断地提高农村劳动力的素质，优化农村劳动力资源的配置，从现实出发，深入剖析问题的根源，找出合理解决问题的方式，就可以把农村劳动力巨大的数量压力转化为劳动力资源优势，使其成为推动我国新农村建设的强大动力。农村中的经营形式伴随着改革开放和市场经济的深入发展，在发展多种经济成分的同时，农村中也发展出了多种经营形式。主要的经营形式有七种。

第一，双层经营。其基础层次为联产承包，以家庭经营为单位；其统一层次为专业组织，为家庭经营提供社会化服务。该经营方式统分结合，突破了过去单一的集体经营模式，促使集体财产与农民自有财产相结合，相互作用发展新的生产力，使得群体和个体的积极性都可以得到充分发挥。

第二，承包经营。这种经营形式是由承包者向资产所有者支付一定数量的承包款，在合同条款约定的范围内，所有者对承包者的生产经营活动不再进行干预，使得承包者具有了生产经营的自主权。

第三，股份制经营。这种经营形式是在不改变生产资料所有权的前提下，以发行股票或债券的形式筹集资金、组合生产要素来组织物质生产和流通的经营形式。农产品市场化的发展，是产生股份合作制的根本动力。这种经营模式反映了所有者、经营者和劳动者经济利益的一致性，通过股份制的经营方式，使得三者的切身利益与企业经营的好坏紧密相连。因此股份制经营具有强大的凝聚力和广泛的适应力。如今很多农村的经济联合体都采用了这样的经营形式。

第四，租赁经营。这种经营形式是把企业或者企业部分生产资料的所有权和经营权，以租赁的形式，实行有阶段有限制的分离。在农村经济体制改革的过程中，一些连年亏损、经营不善的企业，甚至盈利的企业都能以租赁的形式交由他人经营。这不仅是存在于二、三产业的一种经营形式，同时也是对于土地承包制的一种补充。

第五，合伙经营。这种经营形式是由两人以上对约定的项目共同出资，实行联合经营。其具有合作经济的因素，是个体经济向合作经济的过渡形式。

第六，家庭经营。我国现今实行的家庭经营模式是从合作经济中分解出来，又引入合作经济轨道的经营形式。我国农业生产的主要基层单位为家庭，独立核算，自负盈亏，是相对独立的商品生产者。自身需要承担生产风险的同时还需承担市场风险。在进入市场经济体系下，需要对家庭经营的产前和产后多方面提供社会化服务，同时家庭经营正在由单一经营向综合经营发展，由原本的农业土地经营向二、三产业发展，经营范围逐步拓宽。

第七，产业化经营。这种经营方式是以市场的需求为导向，以经济效益为中心，以资源开发利用为基础，对农村的主导产业和重点产品，按照产供销、种养加、贸工农、经科教一体化的要求实行优化组合，发展一体化、专业化、区域化的经营体系。

农业是国民经济的基础，农业发展是关系我国经济发展的重要问题，发展现代农业是推进社会主义新农村建设的着力点和首要任务，而发展现代农业，推进新农村建设，不断发展多种经济成分和经营形式，离不开多种形式农村金融的支持，同时也促进了农村金融的完善和发展。

三、农村资金的来源与运用

（一）农业资金的来源

农村中的每个生产经营单位，由于组织形式、经营方式、管理规模等各方面的差异，获得资金的渠道是不同的。但从总体上来说，可以概括为三个来源：自有资金、财政资金和信贷资金。

1. 自有资金

自有资金主要依靠各单位的内部筹集，包括国有企业、集体经济组织和企业、农户和所办企业的自有资金。改革开放以来，我国农村实行以家庭联产承包责任制为基础的双层经营，农户拥有的资金是自有资金的主要来源，且其所占比重较大。

2. 财政资金

财政资金包括财政预算对农村的拨款、各级地方政府及农业主管部门筹集用于农村的投资。该资金主要用于支援农村生产、农业开发，支援不发达地区的农林水气基础设施建设、农林水气科技的研发。

3. 信贷资金

总的来讲，信贷资金是农村资金的重要来源。为农村提供信贷资金的金融机构，主要有农村信用社、中国农业银行、中国农业发展银行、中国人民银行、中国邮政储蓄银行、村镇银行、贷款公司等。近年来，农村信用社作为重要机构，一直是农村信贷资金的主要提供者。中国农业银行把支持农业产业化经营作为支农工作的重点，同时还承担了扶贫贷款、以电网改造为重点的农村基础设施建设贷款和农村城镇化贷款业务。中国人民银行通过再贷款等措施不断加大对农村金融机构的投入。此外，中央和地方财政通过补贴、停息挂账、减免税收等措施，间接增加了农村信贷资金。由于我国的特殊国情，现有的正规金融体系仍难以满足农户的贷款要求，因此以民间借贷方式筹集的资金也占有相当大的比重。

（二）农村资金的运用

农村资金的运用，是农村生产经营单位的资金存在形式。由各种资金来源渠道形成的资金，进入生产过程后按照其周转的特点，可分为固定资金和流动资金两种运用形式。

1. 固定资金

固定资金是指垫支在劳动手段上的资金，它的实物形态是固定资产，如厂房、机器设备等，它在参加很多次生产过程后才完成其一次周转。

农村固定资金的特点有以下两个方面：一是价值相对较小。农村农业中机械化程度比较低，人力畜力所占的比重还较大，固定资产少，价值不高；农村工业中的有机构成一般也低于城市，多为劳动密集型行业，这是农村就地发展工业的优势之一。二是牲畜既可作为固定资产，也可作为流动资产。牲畜既可以在生产过程中执行劳动手段职能，如养牛耕地；也可执行劳动对象的职能，如养牛卖肉。

2. 流动资金

流动资金是指垫支在劳动对象、工资及流通费用等方面的资金。流动资金的实物形态是流动资产，如原材料、燃料、库存成品等。流动资金每参加一次生产过程，就完成一次周转，在农村家庭式经营中，流动资金既可用于生产垫支，也可用于农户内部的生活消费，不易划清，必须加以正确引导。

四、农村信贷资金的供求

（一）农村信贷资金的需求

农村信贷资金的需求包括农户、农村企业以及农村公共事业信贷资金的需求。农户和农村企业两类主体的信贷资金的需求，是农村金融市场上最基本、最活跃的需求，也是具有中国农村金融特色的需求。我国公共事业经营管理机制改革以来，财政在农村基础设施和社会事业设施方面的投入比例逐渐变小，农村对公共事业基础设施投入的资金需要依靠金融市场解决，这方面的融资需求日益迫切，对新农村建设的意义重大。

农村企业大部分是中小型企业，为农村增加就业和经济增长做出的贡献显著。由于我国农村工业化进程尚处于起步阶段，农村企业大多属于发育成长期的小企业，而且个体和私营企业占了多数，主要是从事农产品的生产、加工和流通，以及与农民生活密切相关的建材业。然而农村企业普遍面临资金短缺问题，并且农村企业是立足于当地资源而由乡村投资发展起来的，生产的是面向市场的资源产品，基本处于完全竞争状态。在这样的情形下，因为市场供需的不确定性较大，信息不够对称，造成农村企业经营的风险较大，所以农村金融机构对其发放贷款特别谨慎，使得农村企业所面临的资金短缺问题一直较为突出。

农村的公共事业体系对资金的需求主要表现在，农村文化教育和农村医疗卫生建设两个方面。农村文化教育、医疗卫生、社会保障、社会救助等公共服务设施和服务体系的建设，都需要大量、充分的资金。而在农村基础设施建设中，农业现代化基础设施和城镇化建设对金融的需求已经越来越明显。

农村基层政府的信贷需求特征为基础设施建设、提供公共产品，信贷供给来源主要为财政预算和政策金融。

（二）农村信贷资金的供应

金融资源是经济发展的"血液"，经济发展离不开金融的支持。农村金融资源的供给必须适应农村经济发展对金融的需求，我国农村信贷资金供给主体可以分为正规金融机构和非正规金融机构。农村正规金融机构又分为政策性金融机构、商业性金融机构、农村合作金融机构和新型农村金融机构；非正规金融是相对于正式金融机构而言的，泛指不通过正式金融机构的其他金融形式及活动，包括农户、民间的金融活动和各类非正式金融组织的金融活动。

农村非正规金融供给的产生具有悠久的历史，随着农村经济社会的发展，存在的形式也不断演进，既有助于满足融资困境中的农户对资金的需求，还可进一步推动正规金融深化改革。

非正规金融组织形式源远流长。各种互助会（或简称"合会"）、私人钱庄、集资、储贷协会、基金会、典当行等，都是民间金融组织的变体。互助会具有储蓄和互助保险的性质，主要融资功能是用于日常消费资金的融通余缺，它在我国农村比较普遍。私人钱庄具有储蓄和贷款的功能，甚至可以办理很多汇兑业务，规模一般也较大，它在一些经济发达地区较为普遍。储贷协会和基金会在我国农村也较为普遍，它们经营的方式比较灵活，办理业务的手续比较方便、简单、快捷，经营成本也比较低，曾一度是农村经济发展的主要融资渠道之一。典当行作为古老的民间金融形式，具有短期抵押贷款的性质，它的主要功能是进行短期资金的融通。

五、我国新型农村金融机构可持续发展的对策建议

结合国外成功经验，立足本国国情，对我国新型农村金融机构的可持续发展提出如下建议。

一是强化政府扶持力度。农村金融供给具有外部性，因此新型农村金融机构发展离不开政府的支持。政府部门应尽可能给予财政和资金支持以及税收优惠政策，提供相应的税收减免和财政补贴，同时加大货币金融政策扶持，确保新型农村金融机构发展的积极性。二是建立健全监管体系。逐步完善相关法律法规，在风险控制的前提下适当放宽农村金融市场的准入门槛，引导民间资本服务农村和农业发展。同时根据不同类型金融机构特点探索建立差别化监管制度。三是完善农村金融生态建设。大力建设农村社会信用体系，形成较为完备的信用评价体系以及信用激励和惩戒机制。推动落实存款保险制度，增强储户信心，为新型农村金融机构可持续发展提供外部保障。加速发展农业保险，缓解涉农贷款风险导致的"贷款难"问题。四是加强金融产品和服务的创新。新型农村金融机构要获得客户认可，最根本的还是要充分发挥自身优势，坚定服务"三农"定位不动摇，通过实地调研挖掘农户个性化需求开展金融业务，提升产品和服务的针对性，逐步提高其公信力，确保可持续发展。

第二节 农业企业的融资

在农业产业化的进程中，农业企业不断向现代企业转变，但是先前遗留的历史问题使

农业企业资本质量差、信用资质低，很难获得银行贷款，除此之外的融资渠道更是将大多数的农业企业排除在外，因此农业企业的融资环境十分恶劣。但是企业要发展，资金是关键，农业企业要加速向现代企业转变，当务之急就是解决农业企业的融资问题。

一、农业企业的融资环境

任何事物总是与一定的环境相联系的，融资决策也不例外。不同时期、不同国家、不同领域的融资决策有着不同的特征，企业如果不能适应周围的环境，也就不能生存。

（一）一般企业的融资环境

1. 重新认识经济发展的周期性波动

在萧条阶段，由于整个宏观经济环境的不景气，企业很可能处于紧缩状态之中，产量和销售量下降，投资锐减，有时资金紧张，有时又出现资金闲置；在繁荣阶段，市场需求旺盛，销售大幅度上升，企业为了扩大生产，就要扩大投资，以增添机器设备、存货和劳动力，这就要求经营者迅速地筹集所需资金。因此，面对周期性波动，必须超前预测经济变化情况，适当调整融资战略。

2. 重新认识企业面临的法律环境

企业融资是在特定的法律约束下进行的。公司法、证券法、金融法、证券交易法、经济合同法、企业财务通则和企业财务制度等都从不同方面规范或制约企业的融资活动。中国加入世界贸易组织之后，为了与国际惯例接轨，尽快融入世界经济大潮，新的相关法律相继出台。作为企业的经营者，应该熟练掌握相关的法律知识，随时了解其变化，为制定企业的融资战略服务。

3. 高度重视市场环境的变化

在市场经济条件下，每个企业都面临着不同的市场环境，这都会影响和制约企业的融资行为。处于完全垄断市场上的企业销售一般都不成问题，价格波动也不会很大，企业的利润稳中有升，不会产生太大的波动，因而风险较小，可利用较多的债务来筹集资金；而处于完全竞争市场的企业，销售价格完全由市场来决定，价格容易出现上下波动，企业利润也会出现上下波动，因而不宜过多地采用负债方式去筹集资金；处于不完全竞争市场和寡头垄断市场的企业，关键是要使自己的产品超越其他企业，创出特色、创出名牌，这就需要在研究与开发上投入大量资金，研制出新的优质产品。为此，企业筹集足够的资金以满足需要。

4. 充分利用金融市场，以保证企业融资战略的实施

在经济活动中，金融市场的存在具有举足轻重的作用，金融市场的目标就是将储蓄有效率地配置给最终的使用者。如果有储蓄的经济单位恰好是寻求资金的经济单位，那么即使没有金融市场，经济发展也无关紧要。但是在现代经济中，大多数公司，却是总储蓄超过了总投资，效率要求以最低的成本、最简便的方式把实物资产的最终投资者和最终的储蓄者撮合起来。因此，企业在制定融资战略时，应充分利用金融市场的优势，随时了解市场信息，保证企业的融资战略能够很好地得到贯彻实施。

5. 认真分析采购和生产环境，以进行科学投资决策

企业的采购环境有稳定和波动、价格涨跌之分，企业如果处于稳定的采购环境中，可少储存存货，减少存货占用的资金；反之，则必须增加存货的保险储备，以防存货不足影响生产，这就要求把较多的资金投资于存货的保险储备。在物价上涨的情况下，企业应尽量提前进货，以防物价进一步上涨而遭受损失，这就要求为存货储备较多的资金；在物价下降的环境里，应尽量随使用随采购，以便从价格下降中得到好处，可以在存货上尽量减少资金的储备。不同的企业具有不同的生产环境，这些生产环境对企业融资战略具有重要影响。比如，企业的生产如果是高技术型的，那就有比较多的固定资产而只有少数的生产工人，这类企业在固定资产上占用的资金比较多，而工薪费用较少，这就要求必须筹集到足够的长期资金来满足固定资产投资；反之，如果企业生产是劳动密集型的，则可较多地利用短期资金，以其来满足企业的固定资产投资。

（二）农业企业融资环境优化策略

1. 优化农业企业融资的宏观经济环境

国家实行的财政政策和货币政策是宏观经济环境的重要内容。从农业产业结构调整和市场竞争力提升方面分析，国家宏观经济环境优化有助于促进我国农业产业结构调整和市场竞争力提升，有助于提高农业企业的市场认知能力、产品研发能力、技术创新能力，有助于推动农业经济的规模化、市场化、现代化和集约化发展。国家宏观经济政策的变迁可能会对部分农业企业的融资方式、产业结构、发展战略、生产工艺和技术水平等产生直接或间接、显性或隐性的影响，可能会限制部分农业企业的惯性发展，也可能会推动部分农业企业的快速稳固发展。宏观经济环境具有战略性、动态性和调控性，以规范和完善社会主义市场经济体系、明确社会经济发展方向等为主要目的，因此会对某些粗放型农业企业的存续发展产生消极影响；但宏观经济环境的优化将强调农业产业市场的监督管理力度，建立农业产业市场公平、公正、有序的竞争秩序，规范不同所有制结构、不同资本结构、

不同发展规模的农业企业的竞争行为和融资行为等。

2. 优化农业企业融资的政府扶持环境

市场经济是由政府"看得见的手"和市场"看不见的手"共同作用的，农业企业的健康有序发展离不开政府的宏观指导、政策支持、税收优惠、监督管理等。为了规范和促进农业企业融资行为和农业企业发展，中央政府和地方政府要加大对农业企业的扶持力度，完善农业企业扶持政策和优惠补贴，通过政府财政补贴、政府扶持专项基金、投资基金、直接贷款或信用担保贷款等方式，拓展农业企业的融资渠道，营造公平有序、诚信和谐的融资环境，满足农业企业的资金需求。

3. 优化农业企业融资的法律法规环境

完善的法律法规环境是农业企业融资行为的立法基础，是农业企业健康发展的必要保障，是建立良好金融服务秩序和企业竞争秩序的重要前提。政府不断完善中小企业、农业企业的经营管理、财务管理法律法规建设，不断规范企业的融资行为和融资过程，不断改善企业规模化和市场化发展的法律法规环境。政府有关部门和金融监督管理机构颁布明确的企业运营法律法规和政策建议，出台相应的配套规章制度，从法律层面上规范和约束农业企业的生产、经营、管理、营销、财务行为，切实解决农业企业个体脆弱性和整体重要性之间的矛盾；要完善相关法律，修改或剔除有悖于市场经济运行规律和农业企业发展特点的法律法规，不断建立适宜的、完善的农业企业法律法规，不断强化法律法规的执法效率，不断规范企业相关法律法规的执行公平性，以规范农业企业的生产经营行为，不断提高农业企业的整体素质，不断优化农业企业的资本结构、组织结构和管理体制；要不断提升农业企业经营管理者的信用意识，降低农业企业与银行等正规金融机构的信息不对称等，保障投资者与债权者的切身利益，建立良好的农业企业融资环境。

4. 优化农业企业融资的社会服务环境

地方政府指导成立专业的企业服务中介组织，不断完善非营利性中介服务组织的机构设置、职能定位、管理体制、人员组成和服务水平等，以强化中介服务组织在信息共享、管理咨询、投资参考、融资决策、企业管理、技术革新、市场营销等方面的支持和辅导功能，引导和规范农业企业的经营管理战略、融资决策和技术创新导向等，切实提高农业企业的核心竞争优势，实现农业企业的可持续发展。

政府积极发展中小农业企业的融资担保机构，通过政府为主、多元筹措方式建立农业企业融资担保基金，以高担保效率、低担保费用、多元抵押担保形式等为农业企业提供良好的金融产品或服务，切实提高农业企业的融资效率和效果。同时，政府建立综合性服务机构以协调和指导农业企业的融资问题、担保问题、技术创新问题、生产运营问题、员工培训问题、信息共享问题等，切实提高区域的农业企业金融服务工作。

信用担保融资是农业企业多元融资服务体系的重要内容，是建立多层次资本支持体系的重要途径。信用担保制度的建立和完善降低了银企间的信息不对称，降低了银行等正规金融机构的资金发放风险和信贷成本，有利于银行等正规金融机构扩大对农业企业的资金投入力度，使农业企业获取更多的发展资金支持。信用担保机构的生成和发展是多层次、多途径的，可以建立以政府为主体的信用担保机构，通过公开透明的运作方式为农业企业等提供资金支持或担保服务，降低农业企业的融资风险和融资成本；可以成立具有独立法人资格的小额信用担保公司，按市场经济原则、以商业担保的形式向农业企业提供融资担保业务；可以建立中小型农业企业的互助型担保共同体，以共同信用标准和信用等级、风险共担形式等申请融资担保贷款，切实解决部分农业企业个体担保贷款困难、抵押担保物缺失或总量不足引发的融资难题。

二、农业企业的融资渠道

企业在初创阶段，实力不彰得不到资本市场的信赖，想获得外部的资本支持几乎是没有可能的（能够获得风险投资的高新技术企业除外），因此公司的发展主要依靠企业自有资金的支持。

（一）企业盈余融资

1. 留存盈余

留存盈余是企业缴纳所得税后形成的，其所有权属于股东。留存盈余融资是企业内部融资的重要方式。中小企业的收益分配包括向投资者发放股利和企业保留部分盈余两个方面，企业利用留存盈余融资，对税后利润进行分配，确定企业留用的金额，为投资者的长远增值目标服务。

企业利用盈余资金进行投资需要平衡股东的权益分配与企业持续发展之间的关系。企业发展的最根本目的是为股东创造最大的价值，股东和管理层需要在投资和股利派发之间达成一致，能实现股东价值的不断增值，促进企业的长远发展。为了进一步理解留存盈余融资，我们首先要明确企业股利分配政策以及类型。企业股利分配政策一般包括以下三方面内容。

（1）利润分配政策

第一，利润分配项目

①盈余公积金

从净利润中提取形成，用于弥补公司亏损、扩大公司生产经营或者转为增加公司资本。盈余公积金包括法定盈余公积金和任意盈余公积金。公司分配当年税后利润应当按照10%的比例提取法定盈余公积金，当盈余公积金累计额达到公司注册资本50%时，可不再提取。任意盈余公积金的提取由股东会根据需要决定。

②公益金

公益金也是从净利润中提取形成的。专门用于职工集体福利设施建设。公益金按照税后利润的5%～10%的比例提取形成。

③股利

向投资者分配的利润。

第二，利润分配顺序

①计算可供分配的利润。将本年利润（亏损）与年初未分配利润（或未弥补亏损）合并，计算出可供分配利润。如果可供分配利润为正数，则进行后续分配。

②计提法定盈余公积金。按抵减年初累计亏损后的本年净利润计提法定盈余公积金。

③计提任意盈余公积金。

④计提公益金。

⑤向股东支付股利。

公司股东会或董事会违反上述利润分配顺序，在抵补亏损和提取法定盈余公积金、公益金之前向股东分配利润的，必须将违反规定发放的利润退还公司。

（2）股利政策的类型

股利政策实施的终极目标是如何使股东财富最大化。因此企业在确定股利政策之前应权衡各种因素的利弊得失，结合自身实际制定出较为理想的股利政策。

①剩余股利政策

公司有收益较高（至少高于投资者的必要报酬率）的投资机会时可采用此政策。该政策是指税后利润在满足所有可行的投资项目需要后，如有剩余则派发股利，反之则不发股利。具体运用方式为：确定最佳投资项目；确定最优资本结构，以综合资本成本率最低为标准，最大限度地利用留存收益来满足所需增加的股东权益数额；当企业税后净利超出所需增加的股东权益数额时，可发放股利。

②固定股利率政策

这一政策也叫变动股利政策。它是指每年股利支付率保持不变。股票投资者获得的股利从公司税后净利中支付（通常在 30%～70%），并且随税后净利的增减而变动。这就保证了公司的股利支付与公司的盈利状况之间保持稳定关系。

③固定股利加额外股利政策

企业一般每年按一固定数额向股东支付正常股利，然后在一段时间内，无论财务状况如何，派发的股利额均不变。

④低现金股利加送配方案的股利政策

这一政策是一项包括现金股利和股票股利并同时包括认股权发行的综合政策。这也是目前我国大部分上市公司所采用的股利政策。送股是公司将利润转为股本，按增加的股票数比例送给股东。配股是指公司在增发股票时以一定比例按优惠价格配售给股东股票。一般净资产收益率大于 10% 者可采用送股加配股政策。这项政策可便于公司保留现金、扩大股本、稀释流通在外的股票价格。

（3）影响股利政策的因素

第一，法律因素

①契约约束

当企业举债经营时，债权人为防止公司以发放股利为名私自减少股东资本的数额，增大债权人的风险，通常在债务契约中含有约束公司派息的条款。如规定每股股利的最高限额；规定只有当公司的某些重要财务比率超过最低的安全标准时，才能发放股利；派发的股息仅可从签约后所产生的盈利中支付，签约前的盈利不可再作股息之用；也有的直接规定只有当企业的偿债基金完全支付后才能发放股利等规定。

②法律法规约束

各国的法律如公司法及其他有关法规对企业的股利分配给予了一定的限制。如资本保全约束、资本积累约束、利润约束、偿债能力约束。这些约束对于企业制定合理的股利政策均有一定限制。因此在下列情况下企业不能分配股利：当企业的流动资产不足以抵偿到期应付债务时；未扣除各项应交税费时；未弥补亏损时；未提取法定盈余公积金时；当期无盈利时等。

第二，资金需求因素

从企业的生命周期来看，处于上升期的企业总有较多的投资机会，资金需求量大且来源紧张，因而其股利分配额通常较低；处于成熟期或衰退期的企业，投资机会减少，资金需求相对减少，但资金来源和资金储蓄相对比较丰富，因而其股利分配额较高，由此可见，大量分派现金股利对股东来说未必是件好事。

第三，财务信息的影响因素

广大投资者将现金股利发放的变化往往看作是有关公司盈利能力和经营状况的重要信息来源。公司增加股利发放表明公司董事会和公司管理人员对公司的前途看好，公司未来盈利将有所增加，反之就会减少。因此股份公司一般不敢轻易改变股利政策，以免产生种种不必要的猜测。

第四，股东投资目的因素

股利政策最终要由董事会决定并经股东大会审议通过，所以股东投资目的，如为保证控制权而限制股利支付；为避税目的而限制股利支付；为稳定收益和避免风险而要求多支付股利等，这些足以影响政策的最终制定。

2. 盈余融资的优势

盈余融资，是以当期可供分配利润中保留一部分不进入利润分配环节，用于满足企业未来发展的一种内部融资活动，其性质相当于股权融资。这种融资方式的优势主要表现在以下三个方面。

（1）盈余融资方式是一种财务负担最小、融资成本最低的融资方式

盈余属于企业内部资金运用的一种策略选择，并不发生企业资金规模外延的增大，也不发生与企业外部的实质性财务关系。所以，其融资成本接近于零，既无显见的筹资成本，也不发生用资成本，是最为经济的一种融资方式。

（2）盈余融资方式下用资风险的保障程度较高

由于盈余融资的资金是企业经营所得，是企业经营者辛辛苦苦赚下的钱，与企业经营者具有一种难以割舍的"亲和力"，这种"亲和力"在用资过程中起到一种内在的约束作用，企业经营者就像用自己的钱一样，故其用资风险的保障程度较高。

（3）盈余融资方式可提高公司权益性资金的比重

盈余融资方式可提高公司权益性资金的比重降低公司的财务风险，稳定公司的资本结构。盈余是企业利润分配决策的关键，从所有者角度来说，当企业预计投资收益率大于盈余资金的机会成本时，所有者愿意接受企业采取盈余融资方式；当企业预计投资收益率小于盈余资金的机会成本时，所有者将难以接受这种融资方式，对企业融资决策形成一定的制约力。同时，盈余融资方式会改变企业的资本结构，直接增加企业所有者权益，从而使企业利益格局向有利于所有者的方向调整，这是促使所有者接受这种融资方式的内在动力。

盈余，使企业盈余保持相对的稳定性，易于较好地控制公司的经营运作，如不必发行

新股以防止稀释公司的控制权，这是股东们所愿意接受的。避免发放较多的股利，使高股利收入的股东合法避税，也是有益于股东的，同时，这种低股利政策还可以减少因盈余下降而造成的股利无法支付、股份急剧下降的风险，将更多的盈余再投资，以提高公司权益资本比重，降低公司的财务风险，稳定公司的资本结构，无疑对公司是十分有利的。可见，企业采取盈余进行融资，有利于企业市场价值的提升，对外传递着一种利好的信息，提升了企业的信誉度，提高了企业举债融资能力，对于企业的现状和未来发展起到良好的造势和推动作用。

（二）村镇银行融资

所谓村镇银行就是指为当地农户或企业提供服务的银行机构。区别于银行的分支机构，村镇银行属一级法人机构。目前农村只有两种金融主体，一是信用社，二是只存不贷的邮政储蓄，农村的金融市场还处于垄断状态，没有竞争，服务水平就无法提高，农民的贷款需求也无法得到满足。改革的出路，就是引进新的金融机构。

村镇银行可经营吸收公众存款，发放短期、中期和长期贷款，办理国内结算，从事银行卡业务，代理发行、代理兑付、承销政府债券，代理收付款项及代理保险业务以及经银行业监督管理机构批准的其他业务。

按照国家有关规定，村镇银行还可代理政策性银行、商业银行和保险公司、证券公司等金融机构的业务。

村镇银行作为新型银行业金融机构的主要试点机构，拥有机制灵活、依托现有银行金融机构等优势，快速发展以来，对我国农村金融市场的局面起到了很大的改善作用。

（三）农村资金互助合作社融资

农村金融改革的最大难题是农村金融发展不能惠及广大农户。虽然农信社、农业银行等正规金融机构正在积极推进小额信贷业务。贷款供需不平衡的主要原因是借贷双方信息不对称，放贷者无法了解借款者的风险偏好和还款意愿，也无从监督贷款的使用情况，因此，让正规金融机构来监督和实施分散在广大农村的数以千万计的小额信贷合同是不可能的。

农村资金互助合作社的功能如下。

1. 资金互助合作社具有信用与经济功能双重属性

这种属性决定了资金互助合作社与其他银行业机构的区别。其他银行业一般在政策上不支持具有实业性的经济功能，而是作为纯粹的社会信用工具虚拟经济存在，是为实体性经济服务的。资金互助合作社之所以天然的要具有信用与经济功能而存在，是因为它要发挥联结作用，发挥农村经济组织对内联结农户和对外联结市场作用，是要发挥对内信用组织和对外经济组织作用，如果它不能发挥这种双重功能的属性作用，与其他银行机构就没有根本的区别了。这种双重属性和功能，起到了农村资金蓄水池的作用，发挥了农村金融免疫细胞组织之功效。有了它，农村金融才不会出现败血症，因此资金互助合作社与其他任何组织相比具有不可替代性。

2. 资金互助合作社具有货币政策传导功能

引导农户发展资金互助合作社，不仅是发挥"蓄水池"进行余缺调剂的作用，还有一个非常重要的功能，就是发挥货币政策传导工具作用，建立起国家引导农村经济、扶持农业产业和帮助农民作用。商业银行不愿意或不能够服务农户，那么就要建立农户自我服务的金融制度，而仅仅依靠农户自我服务能力是不够的，为此必须建立起国家帮助机制，通过国家财政或政策银行（央行支农再贷款）支持，增强农户自我服务能力和扩大服务领域，不断产生对农村商业银行的竞争压力，促进商业银行转变机制，改进服务效率。

3. 资金互助合作社具有推动购销合作、生产合作和消费合作功能作用

发展资金互助合作社一方面要满足农户家庭经营的生产和生活资金需求，另一方面，是依靠资金把农户的劳动力、土地和市场组织起来，形成共同销售、购买和消费，联合把先进科学技术应用到农业产业中去，不断通过合作促进农村生产力的发展和结构调整与升级。通过发展资金互助合作社促进农业生产组织和土地制度变迁，发展新型农产品加工业。

（四）贷款公司融资

小额贷款公司是介于正规金融机构与民间借贷资本之间的一种尝试。这种有担保的横向拆借，其实是一种融资创新。小额贷款公司的试点，为民间资本涉足金融业开辟了一条崭新的途径，逐步构架起了民间资金与"断粮"中小企业之间的桥梁，对改善农村金融环境、缓解中小企业资金紧张，有着不可替代的作用；同时，也有利于规范和引导民间借贷。从长远发展来看，经营较好的小额贷款公司将有望获得优先推荐，进一步发展成为村镇银行。这一诱人前景，为到处涌动的民间资本设定了转变为合法金融资本的有效路径。

灵活的经营方式、有效的激励手段，也使得小额贷款公司犹如一条"鲶鱼"，激活金融服务市场，促使正规的金融机构进一步改善信贷服务、提高信贷质量。

1. 小额贷款公司及其经营原则

小额贷款公司是由自然人、企业法人与其他社会组织投资设立，不吸收公众存款，经营小额贷款业务的有限责任公司或股份有限公司。小额贷款公司是企业法人，有独立的法

人财产，享有法人财产权，以全部财产对其债务承担民事责任。小额贷款公司股东依法享有资产收益、参与重大决策和选择管理者等权利，以其认缴的出资额或认购的股份为限对公司承担责任。

小额贷款公司应遵守国家法律、行政法规，执行国家金融方针和政策，执行金融企业财务准则和会计制度，依法接受各级政府及相关部门的监督管理。小额贷款公司应执行国家金融方针和政策，在法律、法规规定的范围内开展业务，自主经营，自负盈亏，自我约束，自担风险，其合法的经营活动受法律保护，不受任何单位和个人的干涉。

小额贷款公司设立之后应当遵循以下十三个原则。

（1）小额贷款公司要建立适合自身业务特点和规模的薪酬分配制度、正向激励约束机制，培育与当地农村经济发展相适应的企业文化。

（2）小额贷款公司在坚持为农民、农业和农村经济发展服务的原则下自主选择贷款对象。小额贷款公司发放贷款，应坚持"小额、分散"的原则，鼓励小额贷款公司面向农户和微型企业提供信贷服务，着力扩大客户数量和服务覆盖面。

（3）小额贷款公司应建立适合自身业务发展的授信工作机制，合理确定不同借款人的授信额度。在授信额度以内，小额贷款公司可以采取一次授信、分次使用、循环放贷的方式发放贷款。

（4）小额贷款公司应建立健全贷款管理制度，明确贷前调查、贷时审查、贷后检查业务流程和操作规范，切实加强贷款管理。

（5）小额贷款公司应按照国家有关规定，建立审慎、规范的资产分类制度和资本补充、约束机制，准确划分资产质量，充分计提呆账准备，确保资产损失准备充足率始终保持在100%以上，全面覆盖风险，及时冲销坏账，真实反映经营成果。

（6）小额贷款公司要建立发起人和股东承诺制度。发起人向批准机关出具承诺书。公司股东与小额贷款公司签订承诺书，承诺自觉遵守公司章程，参与管理并承担风险。

（7）小额贷款公司应建立健全内部控制制度和内部审计机制，提高风险识别和防范能力，对内部控制执行情况进行检查、评价，并对内部控制的薄弱环节进行纠正和完善，确保依法、合规经营。

（8）小额贷款公司执行国家统一的金融企业财务会计制度，应真实记录、全面反映业务活动和财务状况，编制财务会计报告，并提交权力机构审议。有条件的小额贷款公司，可引入外部审计制度。

（9）小额贷款公司贷款利率上限不得超过司法部门规定，下限为中国人民银行公布的贷款基准利率的0.9倍，具体浮动幅度按照市场原则自主确定。

（10）县（市、区）小额贷款公司的核准机关应在当地确定一家银行作为小额贷款公司的开户银行，并委托该行监测小额贷款公司的日常现金流和贷款资金流向，发现异常情况，应及时向当地政府指定的小额贷款公司监管部门报告。

（11）小额贷款公司应按规定向当地政府金融办或政府指定的机构以及人民银行分支机构报送会计报告、统计报表及其他资料，并对报告、资料的真实性、准确性、完整性负责。

（12）小额贷款公司应建立信息披露制度，及时披露年度经营情况、重大事项等信息。按要求向公司股东、相关部门、向其提供融资的银行业金融机构、有关捐赠机构披露经中介机构审计的财务报表和年度业务经营情况、融资情况、重大事项等信息。政府金融办有权要求小额贷款公司以适当方式，适时向社会披露其中部分内容或全部内容。

（13）小额贷款公司不得吸收社会存款，不得进行任何形式的非法集资。

2. 贷款公司助力农业企业发展

首先，在银行贷款方面，中小企业的市场淘汰率远高于大中型企业，因为银行贷款给中小企业要承担更大的风险。一般商业银行的政策是优先保证大中型企业，最后才会考虑民营中小企业；其次，中小企业在借款时，不仅无法享受与大中型企业相同的优惠利率，反而要支付更高的浮动利息。而且银行给中小企业的贷款一般采取抵押和担保的方式，不仅手续繁杂，而且还要支付诸如担保费、抵押资产评估费等相关费用。

为给中小企业营造一个更好的发展环境，各相关方面都在积极寻求方法。金融业也都在积极探索中小企业融资新模式，希望能多渠道破解中小企业的融资难题，助力中小企业健康发展。

三、农业企业融资风险分析

（一）农业企业融资风险

1. 传统负债融资风险

负债融资相对其他资金来源来说，成本较小。但是一旦企业决策失误或经营项目失败，就会面对无法偿还本金和利息的风险。实务中，大多数农业企业仍主要依靠银行贷款获取外部资金支持。一些个体和私营农业企业由于其资产质量不高，"抵押无物，担保无人"，很难通过资产抵押获取贷款，于是求助于民间的个人借贷活动。

2. 传统权益融资风险

权益融资的成本相对较高，股票发行的数量、价格、时机的决策，以及股利分配政策等，都可能给企业带来潜在的风险，能够通过上市融资的农业企业寥若晨星。由于证券市场不完善，监督机制不健全，某些上市的农业企业为了吸引更多的投资，可能会非法操纵利润，以致影响企业声誉，打击投资者信心，而绝大多数农业企业规模较小、资产质量参差不齐，要通过证券市场进行融资，短期内是不太现实的。除此之外，农业企业在上市额度成为稀有资源的当今，想在资本市场争得一杯羹，也不符合财务管理的成本效益原则。

3. 其他风险

（1）融资租赁风险

融资租赁是解决农业企业长期资金不足的有效手段，但它会给企业带来如下风险：①内部决策风险，即对设备、租赁公司的选择引起的风险，及无法及时支付租金的财务风险；②外部连带风险，即不能按期获得租赁资产，致使企业停工停产的风险；③市场风险，即租期内由于资产的无形损耗，企业产品不能及时更新换代，造成滞销的风险；④市场利率频繁波动带来的利率风险等。

（2）法律风险

农业企业在融资过程中，由于利益的驱动，或缺少法律意识，极有可能违反法律从而招致法律风险。农业企业在缺乏充分公正性的融资环境下要更加注意对法律风险的防范。美国通用、埃克森、雪佛龙等企业能够进入世界500强与其长期坚持守法经营是分不开的。

（3）兼并收购风险

农业企业为谋求协同效应，实现战略重组，经常采取并购的方式进行融资，以迅速提高竞争力。但这一过程也充满了风险，主要是：①信息风险。有些农业企业家忽视信息的重要性，在并购中没有认真地调查分析，凭感觉贸然行动，结果频频翻船。②并购中的操作风险。企业并购要合理选择融资方式，准确把握并购时机，综合考虑资本成本，并购过程中还可能遭遇反收购风险。③并购后的整合风险。多数农业企业的并购由于缺乏专业分析，仅凭业主"拍脑袋"决定，并购后的新企业常常因为规模过于庞大，缺乏统一的企业文化而出现规模不经济，无法实现营运整合。

（二）农业企业融资风险控制

融资风险是企业面临的主要风险之一，企业要加强风险防范意识，采取一系列必要的风险防范措施是完全可以控制或降低风险程度的。

1. 资本结构与规避融资风险

高度重视融资风险的控制，尽可能选择风险较小的融资方式，企业高额负债，必然要承受偿还的高风险。在企业融资过程中，选择不同的融资方式和融资条件，企业所承受的风险大不一样，对各种不同的融资方式，企业承担的还本付息风险从小到大的顺序一般为：股票融资、财政融资、商业融资、债券融资、银行融资。企业为了减少融资风险，通常可以采取各种融资方式的合理组合，即制定一个相对更能规避风险的融资组合策略，同时还要注意不同融资方式之间的转换能力。比如对于短期融资来说其期限短、风险大，但其转换能力强；而对于长期融资来说，其风险较小，但与其他融资方式间的转换能力却较弱。

企业在筹措资金时，常常会面临财务上的提高收益与降低风险之间的两难选择。那么，通常该如何进行选择呢？财务杠杆和财务风险是企业在筹措资金时通常要考虑的两个重要问题，而且企业常常会在利用财务杠杆作用与避免财务风险之间处于一种两难处境；企业既要尽力加大债务资本在企业资本总额中的比重，以充分享受财务杠杆利益，又要避免由于债务资本在企业资本总额中所占比重过大而给企业带来相应的财务风险。在进行融资决策与资本结构决策时，一般要遵循的原则是：只有当预期普通股利润增加的幅度将超过财务风险增加的幅度时，借债才是有利的。财务风险不仅会影响普通股的利润，还会影响到普通股的价格，一般来说，股票的财务风险越大，它在公开市场上的吸引力就越小，其市场价格就越低。

企业融资应当在控制融资风险与谋求最大收益之间寻求一种均衡，即寻求企业的最佳资本结构。寻求最佳资本结构的具体决策程序是：首先，当一家企业面临几种融资方案时，企业可以分别计算出各个融资方案的加权平均资本成本率，然后选择其中加权平均资本成本率最低的一种。其次，被选中的加权平均资本成本率最低的那种融资方案只是诸种方案中最佳的，并不意味着它已经形成了最佳资本结构，这时，企业要观察投资者对贷出款项的要求、股票市场的价格波动等情况，根据财务判断分析资本结构的合理性，同时企业财务人员可利用一些财务分析方法对资本结构进行更详尽的分析。最后，根据分析结果，在企业进一步的融资决策中改进其资本结构。

2. 农业企业融资风险的控制策略

（1）树立正确的风险观念

农业企业在日常财务活动中必须居安思危，树立风险观念，强化风险意识，抓好以下几项工作：①认真分析财务管理的宏观环境变化情况，使企业在生产经营和理财活动中能保持灵活的适应能力；②提高风险价值观念；③设置高效的财务管理机构，配置高素质的财务管理人员，健全财务管理规章制度，强化财务管理的各项工作；④理顺企业内部财务关系，不断提高财务管理人员的风险意识。

（2）优化资本结构

最优资本结构是指在企业可接受的最大筹资风险以内，总资本成本最低的资本结构，这个最大的筹资风险可以用负债比例来表示。一个企业只有权益资本而没有债务资本，虽然没有筹资风险，但总资本成本较高，收益不能最大化；如果债务资本过多，则企业的总资本成本虽然可以降低、收益可以提高，但筹资风险却加大了。因此，企业应确定一个最优资本结构，在融资风险和融资成本之间进行权衡。只有恰当的融资风险与融资成本相配合，才能使企业价值最大化。

（3）巧舞"双刃剑"

农业企业要强化财务杠杆的约束机制，自觉地调节资本结构中权益资本与债务资本的比例关系：在资产利润率上升时，调高负债比率，提高财务杠杆系数，充分发挥财务杠杆效益；当资产利润率下降时，适时调低负债比率，以防范财务风险。财务杠杆是一把"双刃剑"：运用得当，可以提高企业的价值；运用不当，则会给企业造成损失，降低企业的价值。

（4）保持和提高资产流动性

企业的偿债能力直接取决于其债务总额及资产的流动性。农业企业可以根据自身的经营需要和生产特点来决定流动资产规模，但在某些情况下可以采取措施相对地提高资产的流动性。企业在合理安排流动资产结构的过程中，不仅要确定理想的现金余额，还要提高资产质量。通过现金到期债务比（经营现金净流量÷本期到期债务）、现金债务总额比（经营现金净流量÷债务总额）及现金流动负债比（经营现金净流量÷流动负债）等比率来分析、研究筹资方案。这些比率越高，企业承担债务的能力越强。

（5）合理安排筹资期限的组合方式，做好还款计划和准备

企业在安排两种筹资方式的比例时，必须在风险与收益之间进行权衡。按资金运用期限的长短来安排和筹集相应期限的负债资金，是规避风险的对策之一。企业必须采取适当的筹资政策，即尽量用所有者权益和长期负债来满足企业永久性流动资产及固定资产的需要，而临时性流动资产的需要则通过短期负债来满足。这样既避免了冒险型政策下的高风险压力，又避免了稳健型政策下的资金闲置和浪费。

（6）先内后外的融资策略

内源融资是指企业内部通过计提固定资产折旧、无形资产摊销而形成的资金来源和产生留存收益而增加的资金来源。企业如有资金需求，应按照先内后外、先债后股的融资顺序，即：先考虑内源融资，然后才考虑外源融资；外部融资时，先考虑债务融资，然后才考虑股权融资。自有资本充足与否体现了企业盈利能力的强弱和获取现金能力的高低。自有资本越充足，企业的财务基础越稳固，抵御财务风险的能力就越强，自有资本多，也可增加企业筹资的弹性，当企业面临较好的投资机会而外部融资的约束条件又比较苛刻时，若有充足的自有资本就不会因此而丧失良好的投资机会。

（7）研究利率、汇率走势，合理安排筹资

当利率处于高水平时或处于由高向低过渡时期，应尽量少筹资，对必须筹措的资金，应尽量采取浮动利率的计息方式。当利率处于低水平时，筹资较为有利，但应避免筹资过度，当筹资不利时，应尽量少筹资或只筹措经营急需的短期资金。当利率处于由低向高过渡时期，应根据资金需求量筹措长期资金，尽量采用固定利率的计息方式来保持较低的资金成本。另外，因经济全球化，资金在国际间自由流动，国际间的经济交往日益增多，汇率变动对企业财务风险的影响也越来越大。所以，从事进出口贸易的企业，应根据汇率的变动情况及时调整筹资方案。

（8）建立风险预测体系

企业应建立风险自动预警体系，对事态的发展形势、状态进行监测，定量测算财务风险临界点，及时对可能发生的或已发生的与预期不符的变化做出反应，利用财务杠杆控制负债比率，采用总资本成本比较法选择总资本成本最小的融资组合，进行现金流量分析，保证偿还债务所需资金的充足。

第三节 区域现代农业发展的模式与创新

一、区域现代农业发展的模式

我国人多地少的基本国情，决定了现代农业的发展方向应是以相对丰裕的劳动力要素替代相对稀缺的土地要素，走"节地型集约农业"的发展道路。与发达国家不同的是，我国"节地型集约农业"，强调在依靠技术进步提高土地生产率的同时，更重要的是正确处理好资源开发、利用与保护的关系，处理好传统技术与现代技术的关系，协调经济发展、环境保护和食物安全之间的关系，从而在最大限度地满足人们对农产品日益增长需要的同时，提高生态系统的稳定性和持续性，增强农业发展后劲。

在现代农业的发展过程中，国内外出现了各种各样的现代农业模式和形形色色的称谓，如有机农业、精准农业、都市农业、蓝色农业、白色农业、设施农业、立体农业、生态农业，等等。但由于至今仍没有关于现代农业发展模式的系统标准，没有形成系统的现代农业发展模式分类体系，致使对现代农业发展模式的认识上存在种种问题，如一些称谓缺乏科学性，一些研究中并列的模式其实存在包含关系等。

分类，就是按照种类、等级或性质对事物进行分别归类。现代农业发展模式缺乏系统性，就是因为研究者在使用称谓时没有依据统一的标准。对现代农业的发展模式进行分类，可以根据其经营主体及运作方式、筹资、主导技术应用、管理技术、服务目标，甚至色彩特征等进行区分。以上是根据不同分类标准，将现代农业发展模式划分为相互统一的分类体系，其中每一种模式，与其他模式都是相对而言的，各自具有相应的特征，不同分类标准的模式之间可能有部分交叉特征，如城郊农业与观光农业、体验农业等。区域或国家的现代农业发展模式是上述单类型现代农业模式的综合形式。

一般认为，现代农业的基本特征包括农业技术的先导性、要素的集约性、功能的多元性、产业经营的一体性、效益的综合性和发展的可持续性等，各种现代农业的发展模式均不同程度地体现着这些特征。我国及各区域的现代农业综合发展模式，逐渐体现出突出产业融合基础上的农业产业体系建设、不同领域科技集成的融合运用和金融、保险及物流配送为主的现代服务等特征。从本质上讲，现代农业是注重单产提高、品质提升、节本增效、生态安全无害可持续的农业模式。在单产提高方面，主要通过选育选用高产品种、适用匹配度高的管理技术促进单位面积产量的提高；在节本增效方面，通过科技应用达到节水、节肥、节药、节料、节能、节人工，提高产品品质，或充分发挥特色产品优势提升效益；在生态安全无害方面，注重无污染环境营造，生产无公害产品，形成生态可持续发展格局，实现经济、社会、生态综合效益最佳。

二、区域现代农业发展的载体

基础设施为整个社会生产、消费提供"共同生产条件"和"共同流通条件"，是经济和社会发展的物质基础和载体。大量的理论研究和实践经验表明，发展基础设施将使新技术更具生产性。以农田水利、农村交通运输、仓储设施等为代表的农业基础设施，不仅能够有效地降低包括生产成本、运输成本等在内的农产品总成本，而且能够有效地提高农业生产效率，增加农产品市场交换能力，保障农产品和销售的稳定性，增强农业抵抗自然风险和经济风险的能力。可以说，农业基础设施是建设现代农业的重要载体，也是衡量农业现代化水平高低的重要依据。因此，发展现代农业，必须从我国各地实际出发，加强农业基础设施建设，提高农业产出的保障物质技术水平，提高资源产出效率、农业劳动效率和抗灾减灾能力，实现农业高产稳产，进而全面提高农业现代化水平。

(一) 农业基础设施相关概念

1. 基础设施

一般认为，基础设施是为经济、社会发展和人民生活提供一般条件和基本服务的部门和行业，是经济和社会发展的物质基础和载体，是为经济社会发展和人民生活提供基本服务的系统。按照世界银行发展报告的定义，基础设施分为两大类：一类是经济性基础设施或者称为生产性基础设施。经济基础设施是指：永久性工程构筑、设备、设施和它们所提供的为居民所用和用于经济生产的服务。这些基础设施包括公用事业公共设施（电力、电信、供水、管道煤气、环境卫生设施和排污系统、固体废弃物的收集和处理系统），公共工程（大坝、灌渠和道路）以及其他交通运输部门（铁路、城市交通、海港、水运和机场）；另一类是社会性基础设施。社会性基础设施一般指商业服务业、教育、科研、文化、体育、卫生等设施。经济性基础设施又称为狭义的基础设施。而包括经济性基础设施和社会性基础设施两者在内的基础设施称为广义的基础设施。

2. 农业基础设施

农业基础设施是指为农业生产过程提供基础性服务、从事农业生产全过程中所必须的、对农业生产发展有重大作用的物质条件和社会条件，是在农业生产完成的各个环节所使用的劳动材料、劳动对象等生产力要素的总和。按其内容可分为物质基础设施和社会基础设施两大类型。

农业物质基础设施主要是指直接作用于农业生产，与生产过程紧密相连的设施。包括供应生产资料的产前环节，生产农业初级产品的产中环节以及产后环节的基础设施。农业物质基础设施可分为4种类型：一是生产资料性的基础设施。如农用土地、畜禽舍、鱼池等，它是进行农业生产的基础；二是生产条件性的基础设施。如农田水利系统、水土保持、田间道路等，它是农业稳产高产的物质保证；三是生产工具性的基础设施，如大型农田耕作机械、畜牧机械等，它是提高农业劳动生产率的前提；四是加速农产品流通的农业产后环节的基础设施。如仓储运输设施、农产品加工销售设施等，它是农业生产获得高效益的重要环节。

农业社会基础设施主要表现为间接作用于农业生产的设施。包括综合教育方面、科研方面、推广方面、政策及法规方面、信息方面的基础设施等，它们是农业稳定发展的基础。

（二）农业基础设施在现代农业中的作用

农业基础设施在现代农业发展中的作用具有多重性，它一方面直接参与生产过程，转化为农业产出；另一方面又通过其他生产条件和农业投入作用于农业生产过程。从总体来说，生产资料性、生产条件性和生产工具性基础设施，主要是从产前和产中两个方面作用于农业生产过程，而农业产后环节的基础设施和农业社会基础设施则具有产前、产中和产后三个方面的作用，参与不同的生产过程，促使生产的顺利进行，并提高土地的生产率。

1. 加强农业基础设施建设是推动现代农业发展的基本前提和首要条件

从农业基础设施的内涵可知，农业基础设施是最基本的农业生产条件和前提，没有它，农业生产就很难进行，农业生产力就不可能有较大幅度的提高，农业现代化就不可能实现。我国一些比较发达地区的现代农业发展，与其农业基础设施的完善有着密切关系。因此，农业基础设施是农业生产的基本物质投入或者首要条件，它实质上是不断改善农业生产条件的经济活动，也是农业扩大再生产的重要形式。加强农业基础设施建设，完善农业基础设施体系，不仅是推动农业发展的必要前提，也是现代农业发展的首要条件。

2. 加强农业基础设施建设是加速现代农业持续、快速发展的基础和保障

加强农业基础设施建设，有利于提高农业资源的利用效率，增强土地产出能力，提高农业比较效益，促进农民增收；有利于改善农村生态环境，实现人与自然的和谐相处；有利于加快农村基础设施建设步伐，改善农村交通、通信等基础设施条件，构筑农村与城市相配套的基础设施平台，使工农之间、城乡之间实现设施资源共享、经济互动。因此，通过加强农业基础设施建设，尤其是生产资料性、生产条件性、生产工具性基础设施的建设，一方面，使农业生产要素得到了增加（显然，这些生产要素的增加是农业现代化水平提高的标志）；另一方面，又改善着其他生产要素和生产条件，从而推进农村经济、社会、生态全面、协调、可持续发展。因此，加强农业基础设施建设，实际上等于增强农业发展后劲，为现代农业持续发展提供了坚实基础和有力保障。

3. 加强农业基础设施建设是提高农业综合生产能力的必然选择和重要保证

要发展现代农业，大幅提高农业综合生产能力，必须依赖于农业基础设施建设提供的水利化、农机化、交通现代化的良好条件；依赖于农业基础设施建设建立的良好的防洪、灌溉和排涝体系；依赖于农业综合开发对中低产田、园和塘进行的改造；依赖于加强农业基础设施建设创造的劳动力转移就业机会。因此，加强农业基础设施建设是发展现代农业、提高农业综合生产能力的必然选择和重要保证。要提高农业综合生产能力，实现农业现代化，就必须切实加强农田水利等农业基础设施建设，改善农业资源利用状况和农业生产环境条件。

4. 加强农业基础设施建设是建设现代农业的关键环节和重要内容

社会主义新农村建设要着力加强基础设施建设，加强农村水、电、路、气等乡村基础设施及其配套设施的建设。要尽快完成农村电网改造的续建配套工程，加强小水电开发规划和管理，扩大小水电代燃料试点规模；要进一步加强农村公路建设，实现全国所有乡镇通油（水泥）路，东、中部地区所有具备条件的建制村通油（水泥）路，西部地区基本实现具备条件的建制村通公路。由此可知，加强农业基础设施建设，缓解农业基础设施供需矛盾，提高农业基础设施服务水平不仅是建设社会主义新农村的客观需要，而且也是实现农业、农村现代化的关键环节和重要内容。

三、区域现代农业发展的创新

（一）农村土地制度创新的基本思路

农村土地所有权主体的模糊，导致在集体所有制框架中往往出现多个上级以所有者的名义来侵蚀农户土地的使用权和收益权；农户土地产权权能的残缺，既是土地所有权主体不清的必然结果，又是农民缺乏农业生产积极性和消极对待土地的直接原因；土地产权期限不足，形成对农户短期化行为的激励和对土地长期投资行为的抑制；土地集体所有制内含的按人口均分土地的逻辑，导致农业超小规模经营和对农业技术进步的制约，如此等等，充分表明现行土地制度已成为影响我国农业发展的重要因素，农业要想走出困境，尽早实现现代化，就必须变革现行土地制度。

1. 农村土地产权制度创新的路径依赖

根据我国特定的历史和现实国情去改革农村土地产权制度，必定有土地制度变迁的路径依赖问题。第一，我国是社会主义国家，公平、共有、共享等理念深刻影响着土地制度的决策者和制定者；第二，农村土地产权制度作为社会主义经济制度结构中的重要组成部分，其形成与进一步发展必然受到整个社会经济制度基本格局的制约，制度模式的选择不应与基本制度体系发生冲突。社会主义公有制应当成为农村土地产权制度创新必须遵循的基本原则；第三，我国农民由于生产的分散性、群体的宗族性等，必然导致行为目标多元化、生产行为短期化、开拓创新惰性化以及决策过程不规范。因此，对农村土地产权制度的改革，必须充分考虑农民文化传统的影响及其社会心理承受能力，同时还要充分估计农民经济行为的特点及其对制度创新的接受程度；第四，农村土地产权制度的形成与进一步发展与人地关系的特点紧密相关，土地资源稀缺，人多地少，人地关系紧张是我国人地关系的显著特征，由于农村社会保障制度和我国农民整体经济水平不相适应，农村土地对农民的社会保障功能在短期内不可替代。因此，我国基本国情和农村现实决定了农村土地产权制度创新要走强制性与诱致性相结合的渐进式、差异化发展道路。强制性制度变迁是由政府凭借其强制力组织实施的制度变迁，通过政府命令和法律来实现，其主体是国家或政府；诱致性制度变迁是由个体或群体在寻求自我利益时自我倡导、组织和实施的制度变迁。它具有盈利性、自发性和渐进性的特点，其主体是个体或特定的组织。两者各有优缺点，农村土地产权制度的创新要汲取这两方面的优点。此外，我国幅员辽阔，各地实际情况差异巨大，农村土地产权制度的创新要因地制宜，分类推进，走灵活多样、切实有效的差异化发展道路。

2. 农村土地产权制度创新原则

（1）产权制度变迁技术层面和制度层面分开的原则

土地产权制度变迁有两个层面：一是形式或技术层面。这个层面的变迁要大胆借鉴国外经验，如股份制、股份合作制的技术和操作程序；二是利益和基本制度层面。如土地的所有权制度、使用权制度。这是一个错综复杂的利益博弈过程，各国的产权根基、法律制度和文化传统不同，这一层面的制度变迁无法照搬外国经验。把技术层面和制度层面分开，是我国农村土地产权制度创新必须坚持的原则。

（2）从起点模式到目标模式渐进式实现的原则

任何制度都有一个产生、发展、完善，以及不断被替代的过程。制度创新是制度的替代、转换过程，是一种效益更高的制度对另一种制度的替代过程。或者说，是一种更有效益的制度的产生过程。而这个替代过程不是一朝一夕的变化，特别是我国土地产权制度的形成和发展牵动着数亿农民的切身利益，更需要在制度设计、制度实施过程中采取审慎的态度和方式。只有通过渐进的认识，渐进的接受，渐进的措施，才能最终形成明确的制度，完成制度的创新和发展。

（3）各权能主体权利和义务对等的原则

不同的产权权能类型对应着不同的权利和义务。在落实和保障有关产权主体权利的同时，各产权主体也应承担相应的义务，这有利于保证农村土地产权制度的正常运转。而事实上我国农村土地产权各主体的权利和义务是不对称的。因此，农村集体作为土地的所有权主体，要赋予其更明确的使用、处置其所属集体范围内的土地的权利，同时承担与其权利对等的对农民生产服务的责任和义务。此外，应赋予土地经营者更多的权利。农户通过法律和合同契约的规定，从土地所有者处获得一定期限的土地承包经营权后，就与所有者一样具有使用、处分土地的权利（这项权利在现实中被弱化了）。国家作为农村土地的宏观管理者，由法律规定拥有农村土地的管理权和最终处分权，有权行使对农村土地规划、管理、发展和最终处分的权利，但也必须切实保护农村集体土地所有者和承包者的合法权益不受侵犯。

（二）土地股份合作制与现代农业的发展

制度经济学家认为，创新的动力在于收益大于成本。从制度变迁的收益与成本分析，我国农村土地产权制度建设朝着效率方向迈进的最经济的路径，是在进一步完善土地承包制的基础上，积极进行农村土地产权制度创新。探索发展农村土地股份合作制，是完善农村土地流转方式的一种机制创新，有利于土地资源的优化组合和农业产业化的发展，有利于保障农民长期而稳定的收益，也有利于加快农民的非农化转移和农村城镇化进程。

1. 土地股份合作制有利于推动农业科技进步

现代农业是高科技的农业，只有依靠科技才能实现农业高产、优质、高效，只有依靠科技才能提高农业市场竞争力。我国目前实行的土地集体所有家庭承包经营的制度，在改革中曾取得了巨大的成效。但发展至今，这种传统的"一家一户"的土地经营模式以及细碎的土地分割，阻碍了农业社会化大生产的发展。在这种分散经营形式下，农民获得市场需求信息、使用新型技术的成本和风险要比规模化集中经营高得多。因此，许多农民不愿意轻易生产新品种、尝试使用新技术。于是，长期以来农民为规避风险，就只能生产一些品种老化、技术简单的农产品。这样，既难以卖到好价钱，也无法形成农业生产的规模化和产业化，当然更不利于农业科技进步。实行土地股份合作制，一方面，可以通过扩大经营规模，降低生产、交易和获得市场信息的成本，使单位产出边际成本相对下降，给经营者带来更多的经济收益；另一方面，由于生产达到一定规模，便于聘请专业技术人员、采用新技术、生产新品种，从而提高了农产品的科技含量和市场竞争力。

2. 土地股份合作制有利于农业富余劳动力转移

农地资源短缺与农业劳动力富余，是我国农业和农村经济发展面临的十分严峻的问题。实行土地家庭承包经营制后，极大地调动了农民的生产积极性，解放了农村劳动生产力，使大量农业富余劳动力有可能部分或全部脱离农地，寻找其他就业机会。农民在比较农地经营和非农经营收益的情况下，为获得更高的经济收益，通常根据自身的基本技能、健康状况、家庭的生产、生活条件以及成员结构等因素，选择从业方式。最初，农民多采取"离土不离乡""进厂不进城"的兼业方式，即就地转移模式。之后逐步发展为较大规模跨区域流动就业，即异地转移模式。由于土地承包经营权的刚性，部分农户多年在城市就业，非农产业收入已成为其主要收入，但因其守土为安的观念、均分土地的思想、土地过强的社会保障功能、农地流转机制缺陷等，即观念性、效率性、功能性和市场性的制约，而不愿意轻易放弃土地经营权，既制约了农地规模经营，同时又必然使得农业富余劳动力不能彻底充分地从农业内部转移出去。实行土地股份合作制，在以集体土地所有权、农户承包权与农地经营权三权分离的农地产权制度框架下，建立以农地经营权流转为主的市场运行机制，即通过市场配置农地资源，可以有效地解决农地与劳动力这两大生产要素之间的矛盾。从各地的实践看，土地股份合作制是农业富余劳动力向非农产业有效转移和农地规模经营的前提和基础。

3. 土地股份合作制有利于农业经营模式创新

从土地股份制的组织形式上看，以股东代表大会集体制度，取代原来村干部决策制度；从管理模式上看，以企业章程、流转合同以及股东监督等措施，规范经营者和股民行为模式，取代原来村干部利用行政机构赋予土地权力来约束农民行为的模式；从利益分配方式上看，以按土地承包经营权参与土地经营分配，取代原来的绝对平均主义的分配方式，较好地兼顾了农民的土地权益和集体经济收益的二次分配。

第五章 新型农业经营体系的构建

第一节 新型农业经营体系内涵

一、新型农业经营体系的概念

新型农业经营体系是与一家一户为生产经营主体的原有农业经营体系相对应的一种新农业经营体系，是对农村家庭联产承包责任制的一种继承与发展。具体而言，新型农业经营体系是指大力培育发展新型农业经营主体，逐步形成以家庭承包经营为基础，专业大户、家庭农场、农民合作社、农业产业化龙头企业为骨干，其他组织形式为补充的一种新型的农业经营体系。

二、新型农业经营体系的特征

新型农业经营体系是集约化、专业化、组织化和社会化四个方面有机结合的产物。

（一）集约化

集约化是相对于粗放化而言的一种经营体系。新型农业经营体系将集约化作为其基本特征之一，一方面顺应了现代农业集约化发展的趋势；另一方面正是为了消除近年来部分地区农业粗放化发展的负面影响。在新型农业经营体系中，集约化包括三方面的含义：一是单位面积土地上要素投入强度的提高；二是要素投入质量的提高和投入结构的改善，特别是现代科技和人力资本、现代信息、现代服务、现代发展理念、现代装备设施等创新要素的密集投入及其对传统要素投入的替代；三是农业经营方式的改善，包括要素组合关系的优化和要素利用效率、效益的提高。农业集约化的发展，有利于增强农业产业链和价值链的创新能力，但也对农业节本增效和降低风险提出新的更高层次的要求。推进农业集约化，是发展内涵型农业规模经营的重要途径。

（二）专业化

专业化是相对于兼业化，特别是"小而全""小而散"的农业经营方式而言，旨在顺应发展现代农业的要求，更好地通过深化分工协作，促进现代农业的发展，提高农业的资源利用率和要素生产率。从国际经验来看，现代农业的专业化实际上包括两个层面：第一，农业生产经营或服务主体的专业化。如鼓励"小而全""小而散"的农户家庭经营向专业化发展，形成"小而专、专而协"的农业经营格局。结合支持土地流转，促进农业生产经营的规模化，发展专业大户、家庭农场等，有利于促进农业生产经营的专业化。培育信息服务、农机服务等专业服务提供商，也是推进农业专业化的重要内容。第二，农业的区域专业化，如建设优势农产品产业带、产业区。从国内外经验看，农业区域专业化的发展，可以带动农业区域规模经济，是发展区域农业规模经营的重要途径。专业化的深化，有利于更好地分享分工协作效应，但也对生产和服务的社会化提出更高层次的要求。

（三）组织化

组织化主要是与分散化相对应的，包括三方面的含义：第一，新型农业生产经营主体或服务主体的发育及与此相关的农业组织创新。第二，引导农业生产经营或服务主体之间加强横向联合和合作，包括发展农民专业合作社、农民专业协会等，甚至支持发展农民专业合作社联合社、农产品行业协会。第三，顺应现代农业的发展要求，提高农业产业链的分工协作水平和纵向一体化程度。培育农业产业链核心企业对农业产业链、价值链的整合能力及其带动农业产业链、价值链升级的能力，促进涉农三次产业融合发展等，增进农业产业链不同参与者之间的合作伙伴关系，均属组织化的重要内容。

（四）社会化

社会化往往建立在专业化的基础之上。新型农业经营体系将社会化作为其基本特征之一，主要强调两个方面：一是农业发展过程的社会参与；二是农业发展成果的社会分享。农业产业链，换个角度看，也是农产品供应链和农业价值链。农业发展过程的社会参与，顺应了农业产业链一体化的趋势。近年来，随着现代农业的发展，农业产业链主要驱动力正在呈现由生产环节向加工环节以及流通等服务环节转移的趋势，农业生产性服务业对现代农业产业链的引领支撑作用也在不断增强。这些方面均是农业发展过程中社会参与程度提高的重要表现。农业发展过程的社会分享，不仅表现为农业商品化程度的提高，而且表现为随着从传统农业向现代农业的转变，农业产业链逐步升级，并与全球农业价值链有效对接。在现代农业发展中，农业产业链消费者主权的强化和产业融合关系的深化，农业产前、产后环节利益主体参与农业产业链利益分配的深化，以及农业产业链与能源产业链、金融服务链的交融渗透，都是农业发展成果社会分享程度提高的重要表现。农业发展过程社会参与和分享程度的提高，增加了提高农业组织化程度的必要性和紧迫性。因为通过提高农业组织化程度，促进新型农业生产经营主体或服务主体的成长、增进其相互之间的联合和合作等，有利于保护农业生产环节的利益，避免农业产业链的利益分配过度向加工、流通、农资供应等产前、产后环节倾斜，有利于保护农业综合生产能力和可持续发展能力。

在新型农业经营体系中，集约化、专业化、组织化和社会化强调的重点不同。集约化和专业化更多地强调微观或区域中观层面，重点在于强调农业经营方式的选择。组织化横跨微观层面和产业链中观层面，致力于提高农业产业组织的竞争力，增强农业的市场竞争力和资源要素竞争力，影响利益相关者参与农业产业链利益分配的能力。社会化主要强调宏观方面，也是现代农业产业体系运行的外在表现，其直接结果是现代农业产业体系的发育。在新型农业产业体系的运行中，集约化、专业化、组织化和社会化应该是相互作用、不可分割的，它们是支撑新型农业经营体系"大厦"的"基石"，不可或缺。

三、加快构建新型农业经营体系的基本要求

（一）加快培育新型农业经营主体

1. 发挥家庭经营的基础作用

在今后相当长时期内，普通农户仍占大多数，要继续重视和扶持其发展农业生产。重点培育以家庭成员为主要劳动力、以农业为主要收入来源，从事专业化、集约化农业生产的家庭农场，使之成为引领适度规模经营、发展现代农业的有生力量。分级建立示范家庭农场名录，健全管理服务制度，加强示范引导。鼓励各地整合涉农资金建设连片高标准农田，并优先流向家庭农场、专业大户等规模经营农户。

2. 探索新的集体经营方式

集体经济组织要积极为承包农户开展多种形式的生产服务，通过统一服务降低生产成本、提高生产效率。有条件的地方根据农民意愿，可以统一连片整理耕地，将土地折股量化、确权到户，经营所得收益按股分配，也可以引导农民以承包地入股组建土地股份合作组织，通过自营或委托经营等方式发展农业规模经营。各地要结合实际不断探索和丰富集体经营的实现形式。

3. 加快发展农户间的合作经营

鼓励承包农户通过共同使用农业机械、开展联合营销等方式发展联户经营。鼓励发展多种形式的农民合作组织，深入推进示范社创建活动，促进农民合作社规范发展。在管理民主、运行规范、带动力强的农民合作社和供销合作社基础上，培育发展农村合作金融。引导发展农民专业合作社联合社，支持农民合作社开展农社对接。允许农民以承包经营权入股发展农业产业化经营。探索建立农户入股土地生产性能评价制度，按照耕地数量质量，参照当地土地经营权流转价格计价折股。

4. 鼓励发展适合企业化经营的现代种养业

鼓励农业产业化龙头企业等涉农企业，重点从事农产品加工流通和农业社会化服务，带动农户和农民合作社发展规模经营。引导工商资本发展良种种苗繁育、高标准设施农业、规模化养殖等适合企业化经营的现代种养业，开发农村"四荒"资源发展多种经营。支持农业企业与农户、农民合作社建立紧密的利益联结机制，实现合理分工、互利共赢。支持经济发达地区通过农业示范园区引导各类经营主体共同出资、相互持股，发展多种形式的农业混合所有制经济。

5. 加大对新型农业经营主体的扶持力度

鼓励地方扩大对家庭农场、专业大户、农民合作社、龙头企业、农业社会化服务组织的扶持资金规模。支持符合条件的新型农业经营主体优先承担涉农项目，新增农业补贴向新型农业经营主体倾斜。加快建立财政项目资金直接投向符合条件的合作社，财政补助形成的资产转交合作社持有和管护的管理制度。各省（自治区、直辖市）根据实际情况，在年度建设用地指标中可单列一定比例专门用于新型农业经营主体建设配套辅助设施，并按规定减免相关税费。综合运用货币和财税政策工具，引导金融机构建立健全针对新型农业经营主体的信贷、保险支持机制，创新金融产品和服务，加大信贷支持力度，分散规模经营风险。鼓励符合条件的农业产业化龙头企业通过发行短期融资券、中期票据、中小企业集合票据等多种方式，拓宽融资渠道。鼓励融资担保机构为新型农业经营主体提供融资担保服务，鼓励有条件的地方通过设立融资担保专项资金、担保风险补偿基金等加大扶持力度。落实和完善相关税收优惠政策，支持农民合作社发展农产品加工流通。

6. 加强对工商企业租赁农户承包地的监管和风险防范

各地对工商企业长时间、大面积租赁农户承包地要有明确的上限控制，建立健全资格审查、项目审核、风险保障金制度，对租地条件、经营范围和违规处罚等作出规定。工商企业租赁农户承包地要按面积实行分级备案，严格准入门槛，加强事中事后监管，防止浪费农地资源、损害农民土地权益，防范承包农户因流入方违约或经营不善遭受损失。定期对租赁土地企业的农业经营能力、土地用途和风险防范能力等开展监督检查，查验土地利用、合同履行等情况，及时查处纠正违法违规行为，对符合要求的可给予政策扶持。有关部门要抓紧制定管理办法，并加强对各地落实情况的监督检查。

（二）建立健全农业社会化服务体系

1. 培育多元社会化服务组织

巩固乡镇涉农公共服务机构基础条件建设成果。鼓励农技推广、动植物防疫、农产品质量安全监管等公共服务机构，围绕发展农业适度规模经营拓展服务范围。大力培育各类经营性服务组织，积极发展良种种苗繁育、统防统治、测土配方施肥、粪污集中处理等农业生产性服务业，大力发展农产品电子商务等现代流通服务业，支持建设粮食烘干、农机场库棚和仓储物流等配套基础设施。支持农产品初加工和农业灌溉用电执行农业生产用电价格。鼓励以县为单位开展农业社会化服务示范创建活动。开展政府购买农业公益性服务试点，鼓励向经营性服务组织购买易监管、可量化的公益性服务。研究制定政府购买农业公益性服务的指导性目录，建立健全购买服务的标准合同、规范程序和监督机制。积极推广既不改变农户承包关系，又保证地有人种的托管服务模式，鼓励种粮大户、农机大户和农机合作社开展全程托管或主要生产环节托管，实现统一耕作，规模化生产。

2. 开展新型职业农民教育培训

制定专门规划和政策，壮大新型职业农民队伍。整合教育培训资源，改善农业职业学校和其他学校涉农专业办学条件，加快发展农业职业教育，大力发展现代农业远程教育。实施新型职业农民培育工程，围绕主导产业开展农业技能和经营能力培养培训，扩大农村实用人才带头人示范培养培训规模，加大对专业大户、家庭农场经营者、农民合作社带头人、农业企业经营管理人员、农业社会化服务人员和返乡农民工的培养培训力度，把青年农民纳入国家实用人才培养计划。努力构建新型职业农民和农村实用人才培养、认定、扶持体系，建立公益性农民培养培训制度，探索建立培育新型职业农民制度。

3. 发挥供销合作社的优势和作用

扎实推进供销合作社综合改革试点，按照改造自我、服务农民的要求，把供销合作社打造成服务农民生产生活的生力军和综合平台。利用供销合作社农资经营渠道，深化行业合作，推进技物结合，为新型农业经营主体提供服务。推动供销合作社农产品流通企业、农副产品批发市场、网络终端与新型农业经营主体对接，开展农产品生产、加工、流通服务。鼓励基层供销合作社针对农业生产重要环节，与农民签订服务协议，开展合作式、订单式服务，提高服务规模化水平。

第二节　新型农业经营的主体

一、专业大户

（一）专业大户的内涵

1. 大户

在认识专业大户之前，先了解一下"大户"的定义。"大户"原指有技术、会经营，勤劳致富的人家。这些人家与农业联系后，大户的定义就超出了原来的定义范围，其农业经营形式更加广泛。

目前，人们对"大户"的称呼或提法不尽相同，大体有以下几种：一是龙头企业，一般是指以从事农副产品加工和农产品运销为主的大户；二是庄园经济，一般是指丘陵山区专业化种养大户和"四荒"治理大户；三是产业大户，主要是指通过"四荒"开发形成主导产业，进行综合经营的大户；四是农业经营大户，泛指从事种植、养殖、加工、销售、林业、水产生产经营的大户；五是农业产业化经营大户，与第四种提法基本相同。比较而言，"大户"的提法，其涵盖面广，符合现代经营的概念，贴切事物的本质。这里有一个龙头企业与"大户"两个提法的关系问题。往往有人提问："大户"不就是龙头企业吗？可以说，"大户"都是"龙头"，但不一定都是企业。农业产业化经营中的龙头企业，一般都是农副产品加工和运销企业，而"大户"包括种植、养殖、加工、销售各类经营大户，其中有的还没有升级为企业，有的原本就是注册企业。所以，是不是一个企业，并非是"大户"的一般标准，而是"大户"发展过程中的一个较高阶段的标志。农业产业化经营中的龙头企业是"大户"的一种高级形式。辨别"大户"的主要标准，要看它是否具有示范、组织和带动功能。

2. 专业大户

专业大户是新型农业经营主体的一种，专业大户包括种养大户、农机大户等。种养大户，通常指那些种植或养殖生产规模明显大于当地传统农户的专业化农户，是指以农业某一产业的专业化生产为主，初步实现规模经营的农户。农机大户是指有一定经济实力、并有一定农机化基础和农机运用管理经验的农机户。

3.专业大户的特点

专业大户的特点一般表现为：自筹资金的能力较强，能吸引城镇工商企业和居民投入农业开发；产业选定和产品定位符合市场需求；有适度的经营规模；采用新的生产经营方式，能组织和带动农民增收致富；生产产品的科技含量较高；产品的销售渠道较稳定，有一定的市场竞争力。

与传统分散的一家一户经营方式相比，专业大户规模化、集约化、产业化程度高，在提高农民专业化程度、建设现代农业、促进农民增收等方面发挥的作用日益显现，为现代农业发展和农业经营体制创新注入了新活力。专业大户凭借较大的经营规模、较强的生产能力和较高的综合效益，成为现代农业的一支生力军。

（二）专业大户的标准

各地各行业认定专业大户是根据本地实际来制定的，具有一定的差别。但是划定"专业大户"的依据是相同的，主要看其规模，其计量单位分别是：种植大户以亩数计，养殖大户以头数计，农产品加工大户以投资额计，"四荒"开发大户以亩数计。这样划定既是必要的，又是可行的。

二、家庭农场

（一）家庭农场的内涵

家庭农场是指在家庭联产承包责任制的基础上，以农民家庭成员为主要劳动力，运用现代农业生产方式，在农村土地上进行规模化、标准化、商品化农业生产，并以农业经营收入为家庭主要收入来源的新型农业经营主体。一般都是独立的市场法人。

我国要鼓励和支持承包土地向专业大户、家庭农场、农民合作社流转，发展多种形式的适度规模经营。因此，积极发展家庭农场，是培育新型农业经营主体，进行新农村经济建设的重要一环。家庭农场的重要意义在于：随着我国工业化和城镇化的快速发展，农村经济结构发生了巨大变化，农村劳动力大规模转移，部分农村出现了弃耕、休耕现象。一家一户的小规模农业经营，已突显出不利于当前农业生产力发展的现实状况。为进一步发展现代农业，农村涌现出了农业合作组织、家庭农场、种植大户、集体经营等不同的经营模式，并且各自的效果逐渐显现出来。尤其是发展家庭农场的意义更为突出。具体表现在：一是有利于激发农业生产活力。通过发展家庭农场可以加速农村土地合理流转，减少了弃耕和休耕现象，提高了农村土地利用率和经营效率。同时，也能够有效解决目前农村家庭承包经营效率低、规模小、管理散的问题；二是有利于农业科技的推广应用。通过家庭农场适度的规模经营，能够机智灵活地应用先进的机械设备、信息技术和生产手段，大大提高农业科技新成果集成开发和新技术的推广应用，并在很大程度上能够降低生产成本投入，大幅提高农业生产能力，加快传统农业向现代农业的有效转变；三是有利于农业产业结构调整。通过专业化生产和集约化经营，发展高效特色农业，可较好地解决一般农户在结构调整中不敢调、不会调的问题；四是有利于保障农产品质量安全。家庭农场有一定的规模，并进行了工商登记，更加注重品牌意识和农产品安全，农产品质量将得到有效保障。

（二）家庭农场的特征

我国家庭农场虽然起步时间不长，还缺乏比较清晰的定义和准确的界定标准，但是一般来说家庭农场具有以下四个特征。

1. 家庭经营

家庭农场是在家庭承包经营基础上发展起来的，它保留了家庭承包经营的传统优势，同时又吸纳了现代农业要素。经营单位的主体仍然是家庭，家庭农场主仍是所有者、劳动者和经营者的统一体。因此，可以说家庭农场是完善家庭承包经营的有效途径，是对家庭承包经营制度的发展和完善。

2. 适度规模

家庭农场是一种适应土地流转与适度规模经营的组织形式，是对农村土地流转制度的创新。家庭农场必须达到一定的规模，才能够融合现代农业生产要素，具备产业化经营的特征。同时，由于家庭仍旧是经营主体，受资源动员能力、经营管理能力和风险防范能力的限制，使得经营规模必须处在可控的范围内，不能太少也不能太多，表现出了适度规模性。

3. 市场化经营

为了增加收益和规避风险，农户的一个突出特征就是同时从事市场性和非市场性农业生产活动。市场化程度的不统一与不均衡是农户的突出特点。而家庭农场则是通过提高市场化程度和商品化水平，不考虑生计层次的均衡，而是以盈利为根本目的的经济组织。市场化经营成为家庭农场经营与农户家庭经营的区别标志。

4. 企业化管理

根据家庭农场的定义，家庭农场是经过登记注册的法人组织。农场主首先是经营管理者，其次才是生产劳动者。从企业成长理论来看，家庭农户与家庭农场的区别在于，农场主是否具有协调与管理资源的能力。因此，家庭农场的基本特征之一，就是以现代企业标准化管理方式从事农业生产经营。

（三）家庭农场的功能

家庭农场的功能与专业大户基本一样，承担着农产品生产尤其是商品生产的功能，以及发挥规模农户的示范效应，引导向采用先进科技知识和生产手段的方向转变，增加技术、资本等生产要素投入，着力提高集约化水平。

三、农民合作社

（一）农民合作社的概念

农民专业合作社是在农村家庭承包经营基础上，同类农产品的生产经营者或者同类农业生产经营服务的提供者、利用者，自愿联合、民主管理的互助性经济组织。

这一定义包含着三方面的内容：第一，农民专业合作社坚持以家庭承包经营为基础；第二，农民专业合作社由同类农产品的生产经营者或者同类农业生产经营服务的提供者、利用者组成；第三，农民专业合作社的组织性质和功能是自愿联合、民主管理的互助性经济组织。农民合作社是带动农户进入市场的基本主体，是发展农村集体经济的新型实体，是创新农村社会管理的有效载体。

（二）农民合作社的特征

自愿、自治和民主管理是合作社制度最基本的特征。农民专业合作社作为一种独特的经济组织形式，其内部制度与公司型企业相比有着本质区别。股份公司制度的本质特征是建立在企业利润基础上的资本联合，目的是追求利润的最大化，"资本量"的多寡直接决定盈余分配情况。但在农民专业合作社内部，起决定作用的不是成员在本社中的"股金额"，而是在与成员进行服务过程中，发生的"成员交易量"。农民专业合作社的主要功能，是为社员提供交易上所需的服务，与社员的交易不以营利为目的。年度经营中所获得的盈余，除了一小部分留作公共积累外，大部分要根据社员与合作社发生的交易额的多少进行分配。实行按股分配与按交易额分配相结合，以按交易额分配返还为主，是农民专业合作社分配制度的基本特征。农民专业合作社与外部其他经济主体的交易，要坚持以营利最大化为目的市场法则。因此，农民专业合作社的基本特征表现在三方面。

（1）在组织构成上，农民专业合作社以农民作为合作经营与开展服务的主体，主要由进行同类农产品生产、销售等环节的公民、企业、事业单位联合而成，农民要占成员总人数的 80% 以上，从而构建了新的组织形式。

（2）在所有制结构上，农民专业合作社在不改变家庭承包经营的基础上，实现了劳动和资本的联合，从而形成了新的所有制结构。

（3）在盈余分配上，农民专业合作社对内部成员不以营利为目的，将可分配盈余大部分返还给成员，从而形成了新的盈余分配制度；在管理机制上，农民专业合作社实行入社自愿，退社自由，民主选举，民主决策等原则，建构了新的经营管理体制。

（三）农民合作社的功能

农民合作社集生产主体和服务主体为一身，融普通农户和新型主体于一体，具有联系农民、服务自我的独特功能。农民专业合作社发挥带动散户、组织大户、对接企业、联结市场的功能，进而提升农民组织化程度。在农业供给侧结构性改革中，农民合作社自身既能根据市场需求做出有效响应，也能发挥传导市场信息、统一组织生产、运用新型科技的载体作用，把分散的农户组织起来开展生产，还能让农户享受到低成本、便利化的自我服务，有效弥补了分散农户经营能力上的不足。

四、农业龙头企业

（一）农业产业化

1. 农业产业化的概念

农业产业化是指在市场经济条件下，以经济利益为目标，将农产品生产、加工和销售等不同环境的主体联结起来，实行农工商、产供销的一体化、专业化、规模化、商品化经营。农业产业化促进传统农业向现代农业转变，能够解决当前一系列农业经营和农村经济深层次的问题和矛盾。

2. 农业产业化的要素

（1）市场是导向

市场是导向，也是起点和前提。发展龙型经济必须把产品推向市场，占领市场，这是形成龙型经济的首要前提，市场是制约龙型经济发展的主要因素。农户通过多种措施，使自己的产品通过龙型产业在市场上实现其价值，真正成为市场活动的主体。为此，要建设好地方市场，开拓外地市场。地方市场要与发展"龙型"产业相结合，有一个"龙型"产业，就建设和发展一个批发或专业市场，并创造条件，使之向更高层次发展；建设好一个市场就能带动一批产业的兴起，达到产销相互促进，共同发展。同时要积极开拓境外市场和国际市场，充分发挥优势产品和地区资源优势。

（2）中介组织是连接农户与市场的纽带和桥梁

中介组织的形式是多样的。龙头企业是主要形式，在经济发达地区龙头企业可追求"高、大、外、深、强"。在经济欠发达地区，适合发展"低、小、内、粗"企业。除此以外，还有农民专业协会、农民自办流通组织。

（3）农户是农业产业化的主体

在农业生产经营领域之内，农户的家庭经营使农业生产和经营管理两种职能合为农户的家庭之内，管理费用少，生产管理责任心强，最适合农业生产经营的特点，初级农产品经过加工流通后在市场上销售可得到较高的利润。当前，在市场经济条件下，亿万农民不但成为农业生产的主体，而且成为经营主体。现在农村问题不在家庭经营上，而是市场主体的农户在走向市场过程中遇到阻力，亿万农民与大市场连接遇到困难。此时各种中介组织，帮助农民与市场联系起来。农户既是农业产业化的基础，又是农业产业化的主体。他们利用股份合作制多种形式，创办加工、流通、科技各类中介组织，使农产品的产加销、贸工农环节连接起来，形成大规模产业群并拉长产业链，实现农产品深度开发，多层次转化增值，不断推进农业产业化向深度发展。

（4）规模化是基础

从一定意义上讲，"龙型"经济是规模经济，只有规模生产，才有利于利用先进技术，产生技术效益；只有规模生产，才有大量优质产品。提高市场竞争力，才能占领市场。形成规模经济，要靠龙头带基地，基地连农户，主要是公司与农户形成利益均沾、风险共担的经济共同体，使农户与公司建立比较稳定的协作关系。公司保证相应的配套服务，农民种植有指导，生产过程有服务，销售产品有保证，农民生产减少市场风险，使得农户间竞争变成了规模联合优势，实现了公司、农户效益双丰收。

3. 农业产业化的基本特征

农业产业化经营作为把农产品生产、加工、销售诸环节联结成完整的农业产业链的一种经营体制，与传统封闭的农业生产方式和经营方式相比，农业产业化有以下四个基本特征。

（1）产业专业化

农业产业化经营把农产品生产、加工、销售等环节联结为一个完整的产业体系，农产品生产、加工、销售等环节实行分工分业和专业化生产；农业产业化经营以规模化的农产品基地为基础，生产实行区域化布局和专业化生产；农业产业化经营以基地农户增加收入和持续生产为保障，生产实行规模化经营和专业化生产。只有做到每类主体的专业化、每个环节的专业化和每块区域的专业化，农业产业化经营的格局才能形成，更大范围的农业专业化分工与社会化协作的格局才能形成。

（2）产业一体化

农业产业化经营是通过多种形式的联合与合作，形成市场牵龙头、龙头带基地、基地连农户的贸工农一体化经营方式。这种经营方式既使千家万户"小生产"和千变万化的"大市场"联系起来，又使城市和乡村、工业和农业联结起来，还使外部经济内部化，从而使农业能适应市场需求、提高产业层次、降低交易成本、提高经济效益。

（3）管理企业化

农业产业化经营把农业生产当作农业产业链的"第一车间"来进行科学管理，这既能使分散的农户生产及其产品逐步走向规范化和标准化，又能及时组织生产资料供应和全程社会化服务，还能使农产品在产后进行筛选、储存、加工和销售。

（4）服务社会化

农业产业化经营各个环节的专业化，使得"龙头"组织、社会中介组织和科技机构能够对产业化经营体内部各组成部分提供产前、产中、产后的信息、技术、经营、管理等全方位的服务，促进各种生产要素直接、紧密、有效地结合。

（二）农业产业化龙头企业

1. 农业产业化龙头企业的概念

农业产业化龙头企业是指以农产品生产、加工或流通为主，通过订单合同、合作方式等各种利益联结机制与农户相互联系，带动农户进入市场，实现产供销、贸工农一体化，使农产品生产、加工、销售有机结合、相互促进，具有开拓市场、促进农民增收、带动相关产业等作用，在规模和经营指标方面达到规定标准并经过政府有关部门认定的企业。

2. 农业产业化龙头企业的优势

农业产业化龙头企业弥补了农户分散经营的劣势，将农户分散经营与社会化大市场有效对接，利用企业优势进行农产品加工和市场营销，增加了农产品的附加值，弥补了农户生产规模小、竞争力有限的不足，延长了农业产业链条，改变了农产品直接进入市场、农产品附加值较低的局面。农业产业化还将技术服务、市场信息和销售渠道带给农户，提高了农产品精深加工水平和科技含量，提高了农产品市场开拓能力，减小了经营风险，提供了生产销售的通畅渠道，通过解决农产品销售问题刺激了种植业和养殖业的发展，提升了农产品竞争力。

农业产业化龙头企业能够适应复杂多变的市场环境，具有较为雄厚的资金、技术和人才优势。龙头企业改变了传统农业生产自给自足的局面，用工业发展理念经营农业，加强了专业分工和市场意识，为农户农业生产的各个环节提供一条龙服务，为农户提供生产技术、金融服务、人才培训、农资服务、品牌宣传等生产性服务，实现了企业与农户之间的利益联结，能够显著提高农业的经济效益，促进农业可持续发展。

农业产业化龙头企业的发展有利于促进农民增收。一方面，龙头企业通过收购农产品直接带动农民增收，企业与农户建立契约关系，成为利益共同体，向农民提供必要的生产技术指导。提高农业生产的标准化水平，促进农产品质量和产量的提升。保证了农民的生产销售收入，同时也增强了我国农产品的国际竞争力，创造了更多的市场需求。农户还可以以资金等多种要素的形式入股农业产业化龙头企业，获得企业分红，鼓励团队合作，促进农户之间的相互监督和良性竞争。另一方面，农业产业化龙头企业的发展创造了大量的劳动就业岗位，释放了农村劳动力，解决了部分农村劳动力的就业问题。

农业产业化龙头企业的发展提高了农业产业化水平，促进了农产品产供销一体化经营。通过技术创新和农产品深加工，提高资源的利用效率，提高了农产品质量，解决了农产品难卖的问题。改造了传统农业，促进大产业、大基地和大市场的形成，形成从资源开发到高附加值的良性循环，提升了农业产业竞争力，起到了农产品结构调整的示范作用和市场开发的辐射作用，带动农户走向农业现代化。

农业产业化龙头企业是农村的有机组成部分，具有一定的社会责任。龙头企业参与农村村庄规划，配合农村建设，合理规划生产区、技术示范区、生活区、公共设施等区域，并且制定必要的环保标准，推广节能环保的设施建设。龙头企业培养企业的核心竞争力，增强抗风险能力，在形成完全的公司化管理后，还可以将农民纳入社会保障体系，维护农村社会的稳定发展。

（三）农业产业化龙头企业标准

农业产业化龙头企业包括国家级、省级和市级等，分别有一定的标准。

1. 农业产业化国家级龙头企业标准

农业产业化国家级龙头企业，是指以农产品加工或流通为主，通过各种利益联结机制与农户相联系，带动农户进入市场，使农产品生产、加工、销售有机结合、相互促进，在规模和经营指标上达到规定标准并经全国农业产业化联席会议认定的企业。农业产业化国家级龙头企业必须达到以下八个标准。

（1）依法设立的以农产品生产、加工或流通为主业、具有独立法人资格的企业。企业组织形式包括依照《中华人民共和国公司法》设立的公司，其他形式的国有、集体、私营企业以及中外合资经营、中外合作经营、外商独资企业，直接在工商管理部门注册登记的农产品专业批发市场等。

（2）企业经营的产品。企业中农产品生产、加工、流通的销售收入（交易额）占总销售收入（总交易额）70%以上。

（3）生产、加工、流通企业规模。总资产规模：东部地区1.5亿元以上，中部地区1亿元以上，西部地区5 000万元以上；固定资产规模：东部地区5 000万元以上，中部地区3 000万元以上，西部地区2 000万元以上；年销售收入：东部地区2亿元以上，中部地区1.3亿元以上，西部地区6 000万元以上。

（4）农产品专业批发市场年交易规模：东部地区15亿元以上，中部地区10亿元以上，西部地区8亿元以上。

（5）企业效益。企业的总资产报酬率应高于现行一年期银行贷款基准利率；企业应不欠工资、不欠社会保险金、不欠折旧，无涉税违法行为，产销率达93%以上。

（6）企业负债与信用。企业资产负债率一般应低于60%；有银行贷款的企业，近2年内无不良信用记录。

（7）企业带动能力。鼓励龙头企业通过农民专业合作社、专业大户直接带动农户。通过建立合同、合作、股份合作等利益联结方式带动农户的数量一般应达到：东部地区4 000户以上，中部地区3 500户以上，西部地区1 500户以上。企业在农产品生产、加工、流通过程中，通过合同、合作和股份合作方式从农民、合作社或自建基地直接采购的原料或购进的货物占所需原料量或所销售货物量的70%以上。

（8）企业产品竞争力。在同行业中企业的产品质量、产品科技含量、新产品开发能力处于领先水平，企业有注册商标和品牌。产品符合国家产业政策、环保政策，并获得相关质量管理标准体系认证，近2年内没有发生产品质量安全事件。

2. 农业产业化省级龙头企业标准

农业产业化省级龙头企业，是指以农产品加工或流通为主，通过各种利益联结机制与农户相联系，带动农户进入市场，使农产品生产、加工、销售有机结合、相互促进，在规模和经营指标上达到规定标准，经省人民政府审定的企业。不同的省，设定的标准有所不同。

3. 农业产业化市级龙头企业标准

市级农业产业化重点龙头企业，是指以农产品生产、加工、流通以及农业新型业态为主业,通过各种利益联结机制,带动其他相关产业和新型农业经营主体发展,促进当地农业主导产业壮大,促进农民增收,经营规模、经济效益、带动能力等各项指标达到市级龙头企业认定和监测标准,并经市人民政府认定的企业。

(四)龙头企业的功能定位

在某个行业中,对同行业的其他企业具有很深的影响、号召力和一定的示范、引导作用,并对该地区、该行业或者国家做出突出贡献的企业,被称为龙头企业。龙头企业产权关系明晰、治理结构完善、管理效率较高,在高端农产品生产方面有显著的引导示范效应。有近九成的国家重点龙头企业建有专门的研发中心。

五、新型农业经营主体间的联系与区别

(一)新型农业经营主体之间的联系

专业大户、家庭农场、农民合作社和农业龙头企业,是新型农业经营体系的骨干力量,是在坚持以家庭承包经营为基础上的创新,是现代农业建设、保障国家粮食安全和重要农产品有效供给的重要主体。随着农民进城落户步伐及土地流转速度加快、流转面积的增加,专业大户和家庭农场有很大的发展空间,或将成为职业农民的中坚力量,将形成以种养大户和家庭农场为基础,以农民合作社、龙头企业和各类经营性服务组织为支持,多种生产经营组织共同协作、相互融合,具有中国特色的新型经营体系,推动传统农业向现代农业转变。

专业大户、家庭农场、农民合作社和农业龙头企业,他们之间在利益联结等方面有着密切的联系,紧密程度视利益链的长短而定,形式多样。例如,专业大户、家庭农场为了扩大种植影响,增强市场上的话语权,牵头组建"农民合作社+专业大户+农户""农民合作社+家庭农场+专业大户+农户"等形式的合作社,这种形式在各地都占有很大比例,甚至在一些地区已成为合作社的主要形式;农业龙头企业为了保障有稳定的、质优价廉的原料供应,组建"龙头企业+家庭农场+农户""龙头企业+家庭农场+专业大户+农户""龙头企业+合作社+家庭农场+专业大户+农户"等形式的农民合作社。但是他们之间也有不同之处。

(二)新型农业经营主体之间的区别

新型农业经营主体主要指标,如表5-1所示。

表 5-1　新型农业经营主体主要指标对照表

类型	领办人身份	雇工	其他
种养大户	没有限制	没有限制	规模要求
家庭农场	农民+其他长期从事农业生产的人员	雇工不超过家庭劳力数	规模要求、收入要求
农民合作社	与合作社有关的公务人员不能担任理事长；具有管理公共事务的单位不能加入合作社	没有限制	20 人以上农民数量须占 80%；5~20 人农民须占 5%；5 人以下安全为 1 人
龙头企业	没有要求	没有限制	注册资金要求

第三节　推进新型农业经营主体建设

一、以新理念引领新型农业经营主体

我国农业经营主体是专业大户、家庭农场、农民合作社、农业企业等多元经营主体共存。在此基础上培育新型农业经营主体，发展适度规模经营，构建多元复合、功能互补、配套协作的新机制，必须遵循融合、共享、开放等新发展理念。

不同经营主体具有不同功能、不同作用，融合发展可以实现优势和效率的倍增。既要鼓励发挥各自的独特作用，又要引导各主体相互融合，积极培育和发展家庭农场联盟、合作社联合社、产业化联合体等。比如，四川简阳生猪养殖就推行了"六方合作"，即养猪户、合作社、保险公司、金融机构、买猪方、政府六方共同合作，把畜牧产业链条上各主体、各要素紧密串联，实现了多方共赢。多地也在探索发展农业产业化联合体，他们以龙头企业为核心、农民合作社为纽带、家庭农场和专业大户为基础，通过双方、多方或全体协商达成契约约定，形成了更加紧密、更加稳定的新型组织联盟。各主体分工协作、相互制约、形成合力，实现经营的专业化、标准化，以及产出的规模化和共同利益的最大化，是实现第一、第二、第三产业融合发展的有效形式。

农民的钱袋子是否鼓起来，是检验新型农业经营主体发展成效的重要指标。一定要避免"强者越强、弱者越弱"，主体富了，农民依然原地踏步的情况发生。特别是在企业与农民的合作与联合中，一定要建立共享机制，促进要素资源互联互通，密切企业与农民、合作社与合作社、企业与家庭农场、企业与合作社等之间的合作，从简单的买卖、雇佣、租赁行为，逐步向保底收购、合作、股份合作、交叉持股等紧密关系转变，形成利益、责任和命运的共同体。

开放是大势所趋，是农业农村改革发展的活力所在。建设现代农业，要把握好国内国际两个市场，畅通市场渠道，以更加开放、包容的姿态迎接各类有利资源要素。在土地流转、农地经营、农业生产服务、农产品加工营销等方面，应鼓励多元主体积极参与，以市场为导向，一视同仁，公平竞争，做到农地农用、新型经营主体用、新型职业农民用、新农人用。土地流转可以跨主体进行，实现资源优化配置，农业社会化服务可以跨区域展开，实现降成本、增效益的目的，城市工商资本按照有关规定可以流转土地参与农业经营，引领现代农业发展趋势，电子商务等 IT 企业也可以发展生鲜电商、智慧农业等，培育新业态，发展新产业。同时，各类新型主体都要严守政策底线和红线，不得改变土地集体所有性质，不得改变土地农业用途，不得损害农民土地承包权益。

二、搞好新型农业经营主体规范化建设

规模是规范的基础，规范是质量和声誉的保障。经过多年来的自我发育和政策支持，各类新型农业经营主体蓬勃发展，总体数量和规模不断扩大，新型农业经营主体成为建设现代农业的骨干力量。要把规范化建设作为促进新型农业经营主体可持续发展的"生命线"，把规范和质量摆在更重要的位置。

（一）家庭农场要还原本质特征

家庭农场的本源是家庭经营，是指夫妇双方和子女的核心家庭，不能泛化。家庭农场的本质内涵是家庭经营、规模适度、一业为主、集约生产。

1. 家庭经营

现阶段，从全球范围看，所谓家庭农场应是由核心家庭的劳动力经营，是经营者的自耕，不能将所经营的土地再转包、转租给第三方经营。要积极倡导独户农场，一般不将雇工农场、合伙农场、兼业农场、企业农场等作为规范化、示范性农场。农忙时可以雇短工，可以有 1~2 个辅助经营者，但核心家庭成员的劳动和劳动时间占比一定要达到 60% 以上。

2. 规模适度

家庭经营的上述特征决定了其只能发展适度规模经营，动辄几千亩、上万亩土地的经营规模反过来会导致报酬递减。我们提倡的家庭农场土地平均规模是当地农户平均规模的 10~15 倍，就是这个道理。

3. 一业为主

家庭农场要规避低效率的小而全、大而全的生产经营方式，根据自身的能力和职业素质，选择主导产业，以一业为主，依托社会化服务，实现标准化、专业化生产，才能更充分体现家庭农场经营的优越性。

4. 集约生产

家庭农场最重要的内涵是使其劳动力与其他资源要素的配置效率达到最优，最大限度地发挥规模经营效益和家庭经营优势。因此，家庭农场要秉承科技创新理念，在生产的全过程，节约资源投入，科学经营产业，降低生产成本，提升产品质量和效益，实现可持续发展。

（二）农民合作社要扩大规模

从国际合作社发展情况来看，合作社个体数量减少，但单一经营或服务的规模不断扩张，呈现出规模化的趋势。要遵循合作社本质，坚持合作社归农户所有、由农户控制、按章程分配的办社原则。在此基础上，按照合作社同类合并、规模扩大、质量提升的发展之路，扩大经营规模，积极发展联合社和集生产、供销、信用"三位一体"的综合社，提高综合竞争力。

（三）龙头企业要发挥作用

龙头企业与一般企业的本质区别，就在于要带动农民发展，通过建立利益联结机制，让农民分享产业链的增值收益。

这也是中央扶持龙头企业的重要原因。龙头企业必须坚持服务农民、帮助农民、富裕农民的原则，在自愿平等互利的基础上，规范发展订单农业，为农户提供质优价廉的生产服务，吸引农民以多种形式入股，形成经济、责任和命运共同体。

（四）对于工商资本进入农业要规范引导

正确对待工商资本进入农业的积极性和取得的显著成效，鼓励和支持城市工商资本进入农村、投资农业，重点从事农户和农民合作社干不了、干不好、干不起来的领域，如种养业产前产后服务、设施农业、规模化养殖和"四荒"资源开发等产业，种苗、饲料、储藏、保鲜、加工、购销等环节，发展农业产业化经营，与农民实现共生、共舞、共赢。同时，要加强监管和风险防范，坚决制止个别工商资本以搞农业为名行圈地之实。不提倡工商企业长时间、大面积租赁农户承包地，加强事前审查、事中监管、事后查处和风险防范。坚持保护农民利益，对非法挤占农民利益，甚至坑农害农的行为，要严肃查处，追究责任。

第六章 新型农业经营体系下新型职业农民的培育

第一节 新型职业农民的内涵与培育价值

一、新型职业农民的概念

新型职业农民是伴随农村生产力发展和生产关系完善产生的新型生产经营主体，是构建新型农业经营体系的基本细胞，是发展现代农业的基本支撑，是推动城乡发展一体化的基本力量。

新型职业农民是相对传统农民、身份农民和兼职农民而言的一种新型农民职业，是一个阶段性、发展中的概念。

从广义上讲，职业是人们在社会中作为谋生手段所从事的工作。从社会角度看职业是劳动者获得的社会角色，劳动者为社会承担一定的义务和责任；从人力资源角度看，职业是指不同性质、不同形式、不同操作的专门劳动岗位。所以，职业是指参与社会分工，用专业的技能生活的一项工作。

因而，新型职业农民首先是农民。从职业意义上看，新型职业农民是指长期居住农村，并以土地等农业生产资料长期从事农业生产的劳动者，且要符合以下四个条件：一是占有（或长期使用）一定数量的生产性耕地；二是大部分时间从事农业劳动；三是经济收入主要来源于农业生产和农业经营；四是长期居住在农村社区。按照 2007 年中央一号文件《中共中央　国务院关于积极发展现代农业扎实推进社会主义新农村建设的若干意见》要求应为"有文化、懂技术、会经营"的新型农民。

二、新型职业农民的特征

新型职业农民有新的特征。新型职业农民到底"新"在哪里，可以从以下三个方面理解。

（一）相对于传统农民而言，新型职业农民具有新技术

传统农民追求的是维持生计，以自给自足为特征，依靠多年来的耕作经验种植，而新型职业农民一般掌握新技术，能够适应现代农业生产要求，并利用一切可能的选择实现利益的最大化，具有较高的收入。

（二）相对于兼业农民而言，新型职业农民具有高度的稳定性

新型职业农民不仅要把务农作为自己的终身职业，而且要保证后继有人，代代相传。稳定性是农业对从业者的基本要求，农业生产是依赖经验的活动，只有稳定才能不断积累和丰富农业生产经营经验，也只有稳定，农民才能形成长远预期，这是农业可持续发展的基础。稳定性可以避免对农业的短期行为，是新型职业农民区别于兼业农民和资本承包土地的重要方面。

（三）相对于身份农民而言，新型职业农民具有更大的责任范围

与传统农民、兼业农民、工商资本等经营的农业相比，新型职业农民具有更自觉的责任意识和更广泛的责任要求。传统农民的责任范围局限在自己的家庭，农业的责任就是满足家庭成员的需要，新型职业农民的农业责任是满足市场的需求，对消费者负有责任。新型职业农民与兼职农民由于收入来源不同，决定了其对土地态度的不同。兼职农民，特别是以打工为主的兼职农民，因为其主要收入来源是打工收入，农业只是家庭"副业"，兼职农民往往对种地收成抱着可有可无的态度，种地的目的甚至仅是"够自己吃就行"，影响了农业的产品贡献，弱化了农业的社会责任；新型职业农民的收入主要来源于农业收入，因此，重视农业的产出和市场价值，注重资源的合理配置，具有较高的生产积极性和生产效率，负有更多的社会责任。新型职业农民与工商资本的区别在于对生态、土地的影响，工商资本和一些短期的承包户，看中的是土地的眼前产出，往往为了眼前利益追求高投入高产出，掠夺地力，造成地力丧失、环境污染而使农业发展不可持续。新型职业农民更重视土地的可持续利用，不仅对生产负责，而且对生态负责；不仅对当前负责，而且充分考虑对后代负责，给子孙后代留下可以永续利用的土地。所以新型职业农民社会责任范围和现代农业观念远远超过其他农业群体。新型职业农民不仅有文化、懂技术、会经营，而且具有对生态、环境、社会和后人承担责任的意识。

新型职业农民不再是一个身份概念，而是一个职业概念，凡是从事现代农业的生产经

营者都可以称之为新型职业农民。

新型职业农民的来源是多元的，目前正在土地上耕种的农民是新型职业农民的主要来源。随着越来越多的年轻人离开土地融入城市，为土地流转创造了条件，土地向种田能手流转逐渐形成承包大户，进而形成家庭农场。需要指出的是目前从事农业生产的 40~50 岁的农民，不仅具有丰富的农业知识，而且对农业有感情，着力把他们中的一些种田能手培养成新型职业农民，对农业文化传承和农业的可持续发展具有承上启下的重要意义。外出打工的返乡创业者也是新型职业农民的重要来源，他们中一些优秀分子，外出打工长了见识，更新了观念，拥有了一定资本，对农业和乡村怀有感情，他们愿意返乡创业，回到农村经营农业，成为新型职业农民。此外，一些致力于农业的城市居民、退伍军人、大中专毕业生等，只要他们对农业有兴趣，致力于发展农业，政府就应该支持他们成为新型职业农民。

三、新型职业农民的类型

我国新型职业农民可以划分为三类，主要包括生产经营型、专业技能型、社会服务型。

（一）生产经营型职业农民

生产经营型职业农民是指以农业为职业、占有一定的资源、具有一定的专业技能、有一定的资金投入能力、收入主要来自农业的农业劳动力。生产经营型职业农民主要是指种植大户、养殖大户、家庭农场主、农民专业合作社骨干等。

1. 种植大户

种植大户是指从事种植业，达到较大规模（面积），在同等土地和物质投入条件下，单产明显超过当地平均水平，通常年收入高于当地农民平均水平 3 倍以上，有一定示范带动效应、帮助农民增收致富的业主或技术骨干人员。

2. 养殖大户

养殖大户是指从事养殖业，达到较大规模（数量），在同等市场条件下养殖收益明显高于其他养殖户，年收入高于当地农民平均水平 3 倍以上，有一定示范带动效应、帮助农民增收致富的业主或技术骨干人员。

3. 家庭农场主

家庭农场主是指以家庭成员为主要劳动力，从事农业规模化、集约化、商品化生产经营，并以农业收入为家庭主要收入来源的新型农业经营主体。

4. 农民专业合作社骨干

农民专业合作社骨干是指国家、省、市级百强农民专业合作社的成员，主要从事与农业相关的生产经营活动。

（二）专业技能型职业农民

专业技能型职业农民是指在专业合作社、家庭农场、专业大户、农业企业等新型农业经营主体较为稳定地从事农业劳动作业，并以此为主要收入来源，具有一定专业技能的现代农业劳动力。专业技能型职业农民主要是农业工人、农业雇员等。

1. 农业工人

常年在农业企业、农业园区、农场以及其他农业生产单位从事农业生产的工作人员，其主要收入来源为工资收入。

2. 农业雇员

常年在农业企业和农业园区，从事农业生产管理或农业科技成果转化、生产技术指导，其主要收入来源为农业产业。

（三）社会服务型职业农民

社会服务型职业农民是指在经营性服务组织或个体直接从事农业产前、产中、产后服务，并以此为主要收入来源，具有相应服务能力的现代农业社会化服务人员，主要包括农村信息员、农产品经纪人、农机手、代耕手、机防手、动物防疫员等。

1. 农村信息员

农村信息员是指主要为农业提供生产、农产品加工、销售等信息服务，并获取一定经济收入的农村劳动者。

2. 农产品经纪人

农产品经纪人是指从事提供产品供求信息、传播科技信息、贩销农产品、来料加工经济等各种中介服务活动，有益于农村经济社会发展，并获得一定经济收入的农村劳动者。

3. 农机手、代耕手、机防手

农机手、代耕手、机防手是指主要为农业生产提供机械化服务活动，并获得一定经济收入的服务群体。

4. 动物防疫员

动物防疫员主要为畜禽养殖户提供疫情、疫病预防服务活动，获取一定经济收入。

四、大力培育新型职业农民的意义

(一)确保国家粮食安全和重要农产品有效供给的迫切需要

随着人口总量增加、城镇人口比重上升、居民消费水平提高、农产品工业用途拓展，我国农产品需求呈刚性增长。中国人的饭碗要牢牢端在自己手里，就要提高我国的农业综合生产能力，让十几亿中国人吃饱吃好、吃得安全放心，最根本的还得依靠农民，特别是要依靠高素质的新型职业农民。只有加快培养一代新型职业农民，调动其生产积极性，农民队伍的整体素质才能得到提升，农业问题才能得到很好的解决，粮食安全才能得到有效保障。

(二)推进现代农业转型升级的迫切需要

当前，我国正处于改造传统农业、发展现代农业的关键时期。农业生产经营方式正从单一农户、种养为主、手工劳动为主，向主体多元、领域拓宽、广泛采用农业机械和现代科技转变，现代农业已发展成为第一、第二、第三产业高度融合的产业体系。支撑现代农业发展的人才青黄不接，农民科技文化水平不高，许多农民不会运用先进的农业技术和生产工具，接受新技术新知识的能力不强。只有培养一大批具有较强市场意识，懂经营、会管理、有技术的新型职业农民，现代农业才能发展。

五、新时期培育新型职业农民的思路

发展现代农业，根本出路在科技、关键问题在人才，最基础的就是要培育有科技素质、有职业技能、有经营能力的新型职业农民。

(一)强化规划引领，形成推进合力

坚持问题导向和目标导向，不断完善新型职业农民培育发展规划，进一步加强新型职业农民培育工作的组织领导，统筹协调财政、教育、人力资源和社会保障、金融、保险等部门，参与到新型职业农民培育工作中。要充分发挥农业院校作为培育主体的基础作用，聚集农业院校、科研院所、农业龙头企业、农业职教集团和农民合作社等资源优势，吸引多方力量广泛参与，共同推进培育工作，形成齐抓共管的新局面。

畅通三大环节，完善培育体系。教育培训、规范管理和政策扶持是新型职业农民培育工作的三大环节。教育培训环节，关键是要锁定对象、精准培育，加强培育对象库、师资库、教材和基地建设，创新机制模式和方式方法，全面提升培训的针对性有效性。规范管

理环节，关键是要强化对职业农民队伍的管理，建立信息档案和动态管理机制，保持职业农民队伍的生机和活力。政策扶持环节，关键是要协调与整合现有政策，推动农业补贴和项目建设向新型职业农民倾斜，鼓励有条件的地方探索新型职业农民与城镇职工享受同等的社会保障待遇，逐步构建起支持新型职业农民教育培训、产业扶持、金融保险、人才激励、社会保障等衔接配套的政策体系。

（二）明确目标方向，着力提升能力

进一步提升农民的综合素质、生产技能和经营能力，进而提高新型职业农民的收入水平，使农民逐渐成为体面的职业。进一步提升新型农业经营主体带头人和骨干的科学决策与经营管理水平，不断提高土地产出率、劳动生产率和资源利用率，使农业效益得到持续提升。进一步加强教师队伍、实训基地、农民田间学校、信息化手段等基础条件建设，健全完善"一主多元"的新型职业农民教育培训体系，为大规模培养造就新型职业农民队伍提供支撑。进一步提升新型职业农民管理服务能力，着力打造职业农民培育大数据和云上智农平台，建设完善新型职业农民培育申报、审核、管理和服务一体化的信息管理系统，为农民提供在线教育培训、移动互联服务、在线管理考核和全程跟踪服务。

（三）突出重点对象，培育新型主体

新型农业经营主体和青年农民，是最富活力的现代农业建设者，是新型职业农民重点培育的两个对象。要以专业大户、家庭农场主、农民合作社带头人和农业企业骨干为主要对象，开展新型农业经营主体带头人培育行动，争取用5~10年时间对带头人轮训一遍，重点培训生产技能与经营管理知识。把现代青年农场主培养计划，作为拓宽新型职业农民培育渠道的重要举措，每年遴选部分具有产业基础和高中及以上学历，年龄在18~45周岁的专业大户、家庭农场主、农民合作社骨干、返乡创业大学生、返乡农民工和退伍军人，开展培训指导、创业孵化、认定管理、政策扶持和跟踪服务。要坚持通过全过程培养，加快建设一支创业能力强、技能水平高、带动作用大的青年农场主队伍，激发农村青年创造创新活力，吸引农村青年在农村创业兴业，使青年成为推动农业现代化的有生力量。

第二节　新型职业农民培育的内容与对象

一、新型职业农民培育目标及方向

(一) 培育"以农为荣"的尚农、爱农精神

新型职业农民培育的核心问题,就是培育"以农为荣"的爱农意识。首先是转变农民的观念,通过宣传教育,让农民认识到农业在整个社会发展中的地位和作用,认识到在农业领域就业的价值和重要性,认识到作为农民肩上的重任,从而产生"以农为荣、振兴乡村"的自豪感和责任感。

(二) 培育"诚实守信,忠诚奉献"的职业道德情操

农业生产具有公益性,农产品具有公共产品的特点,原因在于,一是农产品是生活必需品,消费者需求是刚性的,致使农产品价格不完全由市场决定,根据居民收入和消费能力,政府对主要农产品的价格有一定的把控,要求价格适当,普通老百姓能够有能力消费。二是政府要求农民不仅要为社会提供安全的农产品,还要保护农业生态环境。现实状况是,许多新型职业农民的职业道德知识较为缺乏,不清楚作为新型职业农民需要有哪些职业道德,导致新型职业农民的职业道德行为失范。如在生产经营过程中失信经营,滥用农药、滥用各类激素,导致所谓的绿色、生态、有机等食品都被打上大大的问号。

因此,培育新型职业农民"诚实守信,忠诚奉献"的职业道德意识尤为重要。在农业生产过程中,生产者与消费者的信息是不对称的,且生产过程难以监管。

(三) 培育"科技助农、产业兴农"发展意识

实现农业农村现代化,必须发展农业产业,而农业科技对农业产业发展具有重要推动作用:一是能提供良好的育种技术、农业生产标准化技术及运输保存技术。二是提供农产品深加工技术,延伸农业产业链,促进农业产业与第二、第三产业融合发展。美国人力资源学者舒尔茨指出"对传统农业的改造要引进新的现代农业生产要素,不仅要引进物的要素,如杂交种子和机械等,还要引进具有现代科学知识,能运用新生产要素的人"。因此,实现农业农村现代化,一方面要利用农业科技发展农业产业,另一方面要培养具有农业科技素养的新型职业农民。因此,实现农业农村现代化,首先要做的就是培育新型职业农民"科技助农、产业兴农"发展意识。只有农民的科技意识有所提升,对科技投入的作用了

解之后，才能积极主动学习采纳农业科技技术，以科技助发展，产业兴农村。

（四）培育"生态宜居、绿色优先"的生态理念

农业农村现代化的核心理念是生态理念，即农业产出高效，农业产品安全，农业资源集约，农村环境生态。农业产出高效，但农产品质量安全及农业生态环境恶化越来越成为人们普遍关注的焦点。有的农民为追求产量超量使用化肥；为减少病虫害，滥用高浓度农药；为使家畜快速生长繁殖，注射喂食激素，致使农产品安全问题不断出现；还有温室大棚、地膜等塑料薄膜等废弃物对环境的污染，导致农村农业生态环境严重破坏。这种以破坏农村农业生态环境为代价的掠夺式农业生产方式是不可取的，也是不可持续的。

可见，实现农村农业产业化，培育新型职业农民"生态宜居、绿色优质"的生态意识尤为必要，也是农业现代化对新型职业农民的新要求。新型职业农民不仅要具有较高文化水平和技术技能，还要具有生态意识和责任。农民的生态责任和意识并不会自然而然地产生，它需要教育和培养。通过培育，使新型职业农民树立"生态宜居、绿色优质"的生态理念，在农业生产经营中自觉履行生态责任，保护农业生态环境。

（五）培育"规模经营、分工协作"的市场能力

振兴乡村战略，实现"产业兴旺、生活富裕"，必须走农业产业化道路。现代农业产业的规模化、信息化、科技化加速了农业生产的分工细化，单个农业生产者不可能涉及全部农业生产环节和领域，它们必须分工协作，利用其自身有限的资本和资源，进入农业生产领域的某些环节，通过专业分工，进行专业化生产，拉长农业产业链，增加农产品的价值。现代农业的经营活动与市场联系起来，把分散的农户与农业合作组织联系起来，促进农业产业的融合发展。

因此，新型职业农民要具备"规模经营、分工协作"的市场意识，提升市场参与能力，获取信息分析能力，有利于整合金融、土地等各种要素资源，以促进农业产业融合，农村经济的繁荣，实现农业增效、农民增收。

二、培育内容

（一）基本技能

基本技能是人才能力与素质提升的基础和前提。要培育出具有深厚的专业基础理论知识的新型职业农民，为后续的能力培养以及未来的发展打下基础，不然，就和普通农民的培训没有什么区别。培训主体应该从实际出发，调节好"必须够用"的度，对基本技能的

教学进行适当改革，融合培养理论知识与实践能力，使农民的知识面得到拓展。例如培训生态农业产业化建设、农业生态环保、农产品质量安全、农产品品牌化经营、市场营销、"互联网+"农业、农业经营与管理等内容。

（二）职业技能

社会对人工作素质的要求已经不只是职业技能了，还要求人们具有良好的应变能力、发展能力以及生存能力。例如，培训农业绿色增产增效攻关模式、良种良法配套、农信农机农艺融合、农业标准化生产以及与人合作的能力、创业能力等方面的技术技能。培训职业技能使得新型职业农民提高自身吸收和运用新技术的能力，当农民掌握了大量的农业科技技术之后，才会将其转化成为生产力，才会适应规模化、科技化和专业化的要求。

（三）社会技能

从某种程度上来说，新型职业农民需要具有的基本素质包括科学文化素质、思想道德素质、心理素质以及创新素质等，这些素质对职业能力的水平高低有着直接影响，对于人才培养的效果来说也是非常重要的，所以要注重对新型职业农民思想上的市场意识、竞争意识和创新意识的培育，并使新型职业农民道德水平得到提升，符合社会公德的道德规范要求。

三、新型职业农民培育对象

（一）培育对象的选择

1. 专业大户和科技示范户

站在农业的经营方式角度看，"专业大户"一般是指那些从事某种农产品专业化生产的农民。"农村科技示范户"一般指的是有着丰富的种养加工生产技术，能够很好地应用、推广农业生产的新技术、新模式以及新品种，可以获得良好的经济效益和示范作用的农户。这部分人不但是农业技术推广队伍的重要组成部分，而且还是新农村建设的科技二传手和致富带头人，是周边群众看得见、问得着、留得住的"乡土专家"。如果能够充分发挥科技示范户的作用，对于农村调整产业结构、推广农业先进实用技术以及提高农民致富能力等方面都有着非常重要的现实意义。

该群体的特征表现为五点：第一是具有非常丰富的种粮技术和经验；第二是积累了比较雄厚的财产；第三是对于市场有着高度敏感性以及适应性；第四是拥有规模化和产业化的经营理念；第五是有从事农业生产的强烈意愿。将这一群体作为新型职业农民培育的对象，能够得到立竿见影的效果。并且，通过对这部分人的大力培养，能够产生较为积极的外溢效应，可以激发更多的群体转向职业农民。因此，可以将留守农民中的种田能手、种田大户作为打开新型职业农民培育局面的切入点。

2. 回流农民

随着农村的发展，城乡差距不断缩小，区域发展不平衡性得到有效缓解，人们就业观念与发展理念的更新，回流农民越来越多。返乡的农民工中有很多都是优秀分子，其特征主要体现为四点：第一是在外出打工之前，一般都从事过农业生产，对农业生产经营的情况比较熟悉，外出打工使这些人的见识更广，眼界更宽，具有比较新的发展理念；第二是拥有了一定的资本；第三是他们对农业和乡村怀有感情，他们愿意主动回到农村经营农业；第四是他们具有了一定的知识储备和职业技能，同时也积累了比较多的人力资本和物质资本，且这些人基本都是年轻人，有着一定的教育基础并愿意回乡创业。所以，我们需要通过创新制度和政策鼓励这些回流农民来接受培育，成为新型职业农民。

3. 新生代农民

所谓新生代农民，通常是指20世纪90年代及以后出生的有志于从事农业生产经营的职业农民，在未来的新农村建设和现代农业的发展中，离不开新生代职业农民的培育，他们是肩负我国未来农业发展重任的主力军，因此，理所当然应该成为我国职业农民培育的重点对象。但是，将新生代农民确定为未来新型职业农民培育的重点对象，在实践中有着许多困难。因为新生代群体有着比较特殊的成长和发展背景，很多青年人都不会想到毕业后做职业农民或从事农业生产．这些青年人中，虽然很多人在农村长大，但是实际上对农业生产并不熟悉也不感兴趣。这是培育新型职业农民遇到的主要困惑和尴尬。

新生代农民具有三种特征：第一是在自然属性上，指1990年以后出生的年轻人；第二是在经济职业上，立志从农、以农业为职业；第三是在素质方面，通过培训，成长为有文化、懂得技术和经营管理的新型职业农民。将新生代农民引导成为新型职业农民的培育对象，首先就要培养他们从事现代农业发展的意志，使其能够将从事农业生产经营作为职业追求。

4. 农村初高中、大中专院校毕业生

农村初高中、大中专院校毕业生，是人们寄予很高期望的未来职业农民群体。我国每年都会有大量的农村初高中、大中专院校毕业生，其中，除一部分继续升学以外，还有大量的毕业生会直接走上就业岗位，这些毕业生是补充农业劳动力最适合的群体。随着人们的观念改变、农村发展机会的增加，大中专学历的高层次人才开始向农村迁移，特别是我

国实行的大学生村官制度和大学生在农村创业成功的案例，使得许多有理想、有抱负、有创业想法的大学生愿意到农村就业。随着社会的发展，相信将来还会有更多的高学历人才，特别是涉农专业的大学生成为新生代农民的来源之一。

（二）新生代农民的特征

1. 思想观念较开放

受教育水平和网络时代学习便捷性影响，新生代农民观念开放，接受新观念、新事物的能力也较强。他们不再循规蹈矩，具有较强的自我发展意识和愿望，具有较强的开拓进取精神，易于引导和跟上时代发展的潮流。

新生代农民的高学历、宽视野和强个性，使得他们更期待未来的发展，渴望致富，对未来的人生发展有着一定的规划。他们不仅对工资福利待遇有着越来越高的要求，而且更看重工作环境、工作时间和工作的社会地位。新生代农民较为开放的思想会使他们提出更高的要求，主要是针对农业生产技术的要求，要鼓励人们研究、发明新的农业生产技术，增加技术的供给，从而使农业生产能稳定地发展下去。

2. 文化素质较高

文化素质的高低与农民的就业观念和发展观念密切相关。农民文化素质不仅影响着农村富余劳动力向城镇第二、第三产业转移就业的进程，而且决定着我国农业科研成果的有效转化和技术的快速推广。相比于老一代农民，新生代农民的整体文化素质有了较为明显的提高。他们都接受过九年义务教育，基本上都是初中以上文化程度，也有一些是高中毕业生，还有的是中专、大专学历，其文化水平较高。新生代农民具备的较高的文化素质，为他们接受新劳动技能以及科学知识奠定了坚实的基础，也使他们成为新型职业农民更具优势。

3. 参训意愿强烈

随着社会的发展以及教育的普及，新生代农民逐渐加强了对于职业技能培训的理解，他们都认为要想致富就需要具备一定的技能。在召开农民座谈会时，几乎所有农民，特别是具有一定生产规模的职业农民均表示愿意参与各种职业教育培训。

（三）培育方式选择

1. 理论教学

理论教学应根据培养目标、教学内容和学员的特点，采取灵活多样的方法，使学员了解、掌握农业生产经营所必备的基础知识、专业知识，为学员掌握专业技能打好理论基础。要注重学习能力的培养，强调理论与实践的结合，提高学员分析解决问题的能力和创新能力。

（1）教学形式

①课堂教学

授课教师按照教学大纲在教学点进行授课。提倡参与式、讨论式、案例式等教学方式。

②远程教学

授课教师通过广播电视、互联网等多种媒体方式授课，组织学员在线或实时学习相关课程。

（2）学习方式

①集中学习

由学校统一组织，学员集中进行学习。在集中组织教学过程中，要灵活采取课堂讲授、现场演示、分组讨论、案例教学等多种形式，激发学员学习兴趣，调动学员积极性。

②分散学习

在集中学习的基础上，学员根据自己的情况，利用多媒体教材、网络辅导资源或教学包等进行自主学习。分散学习时，教师可根据教学要求和学员自身实际学习情况，有针对性地对学员进行指导、辅导和答疑。

2. 实践教学

实践教学是教学环节的重要组成部分，是理论教学的延续、扩展和深化。构建符合农民职业教育特点的实践教学体系，科学、合理地安排实践教学，对于培养学员运用所学知识、技能解决实际问题的能力和创新能力有着不可替代的作用。

（1）教学形式

①实验实习

根据课程学习需要组织学员验证理论知识，学习实际操作技能，以教师演示、学员操作为主要形式，加深学员对理论的理解。

②专业见习

组织学员到现代化农业园区、科技示范场等地进行考察、交流，使学员了解现代农业生产经营方式和新品种、新技术、新成果的应用，了解现代农业发展方向，拓宽现代农业发展理念。

③技能实训

组织学员到实习基地、农场、农民合作社、农业企业等地进行技能训练，使学员通过职业岗位实务训练，掌握关键环节操作技能，巩固加深专业理论和业务知识，获得专项操作技能的实际工作经验。

④岗位实践

学员结合本职工作岗位进行生产实践，在教师指导下运用所学知识和技能，分析和解决生产实际问题，提高工作能力和效率。

（2）组织方式

采取集中与分散相结合的方式进行教学。集中实践教学由学校统一组织进行，实验实习、专业见识和技能实训一般采取集中方式进行。分散实践教学由学员在本职岗位上，按照规定的内容和方式进行实习和岗位实践。

3．"学历+技能"培养模式

传统的成人教育以学科教育为中心，理论授课为主，实践教学为辅。新型职业农民的培育，应克服培养模式太少、特色不足、优势不足等方面的问题。"学历+技能"是对传统人才培养模式的一种改革和创新。该模式同时融合了国际"双元制"与国内"双证教育、多证教育"的教育模式，将学历教育、资格认证以及职业培训进行合理融合的人才培养模式。在接受职业培训之后，农民可以掌握需要的专业技能，还可以获得经国家认证的学历文凭，使农民的综合素质和社会认可度得以进一步提升。

（1）"学历+技能"人才培养模式的本质

"学历+技能"人才培养模式的本质在于强化实践能力的培养。传统的成人教育，占据主导地位的毫无疑问是理论知识，老师采用"填鸭式""满堂灌"的教学模式，即使是有实践课，也是理论课的辅助，可有可无，不受重视。学员在校学习时感性认识不够，只会"纸上谈兵"。

"学历+技能"这一人才培养模式遵守"理论够用，技能突出"的原则，不能只是看学历，更要注重能力，崇尚一技之长，强调知行合一、教学做合一。理论教学应该是以必需和够用为度，而实践教学则要以胜任和合理解决问题为准，以实验室、农田、农场为课堂，重点解决学员在毕业之后工作在岗位上时"怎么做"的问题，将职业素质、通识教育以及拓展能力结合，融学历教育、技能培养、考证辅导于一体，真正做到学以致用，实现新型职业农民培育的原本之义。

（2）"学历+技能"人才培养模式的基本特征

在新型职业农民培育中应用"学历+技能"人才培养模式，总体目标为经过有目的、有计划、有组织的系统专业教育，培养出满足现代农业产业发展所需的高素质农民。具体的目标是将素质作为根本、能力作为中心，培养出不同类型、不同层次、不同专业以及不同岗位的应用型农业人才。人才培养的基本模式结构有课程体系、教育组织形式、专业设置、教学计划、非教学或者跨教学培养形式等。其表现具有完整性以及时代性。

所谓完整性以及时代性，实际上是指它所包括的要素应是齐备的，很好地体现出了培养目标的要求。这个路线图改变了只重视知识教学的旧人才培养模式，强调人才素质和能力的培养，进而培养出符合社会发展、时代进步的人才。

4. 对培育方式的选择

实践表明要提高教育培训的效率，需采取各种各样的知识讲座、实际辅导等方式指导培训；也可分期分批选派农业技术骨干，到各类农业大中专学校进行脱产培训学习。对于农村实用技术骨干的培训，一方面采取课堂讲授的方式；另一方面让他们到田间来进行生产实际讲座，通过现场教学的方式指导农民。对于普通农民，则可以充分利用农校、农民夜校等各类培训机构组织培训，同时通过以师带徒、结对子等方式来进行。

第三节　新型职业农民培育的运行机制与路径

一、新型职业农民培育的运行机制

（一）新型职业农民培育的保障机制

要想让新型职业农民培育工作取得显著的效果，最重要的是充分地提高新型职业农民身份的含金量。在对新型职业农民培育的过程中，不光要做到服务、培训、认定管理到位，还要把各项扶持政策真正地落实到位，建立起一整套完善的新型职业农民培育保障机制，才能提高新型职业农民投身农业的积极性，降低农业生产的风险性，加大对农业生产的投入，使培育工作取得实效和长效。

1. 建立新型职业农民培育的目标责任机制

农民的教育培训在一些地方被当作"软任务"来执行，培训效果不显著。尽快地建立目标责任机制很有必要。

根据新型职业农民培育机构的管理体制，建议由市和县两级教育行政部门与新型职业农民培育机构签订目标管理责任书。将实施新型职业农民培育的年度目标和任务，分别落实到各级政府和有关部门以及各类新型职业农民培育机构。把新型职业农民培育工作作为各级政府目标责任制的一项重要内容。把农民的知识化、职业化、作为实现农业现代化的重要指标，根据培训的人数核算好培训资金，对职责进行明确分工，同时明确奖惩措施，确保培训取得明显成效。

2. 落实新型职业农民培育的投入保障机制

农民教育培训工作具有基础性、公益性、社会性，政府公共财政应当承担主要投入责任。要按种养规模安排基层农技推广工作经费，保障农民教育培训工作长期稳定发展。

要积极拓展培育投资渠道，建立起由政府、学校、企业、个人共同参与的多元化投资体系，需要从以下三个方面做起。

（1）设立专项培育资金

设立专项培育资金，列入各级政府财政预算，在农业补贴和农业投资以及农业生产优惠贷款增加的同时，加大培训新型职业农民的财政投入。

（2）加大创业信贷支持

对于新型职业农民贷款需求，政府应该出台相关政策和文件，以减免农场经营税收、低息贷款、资助购置大型农用设备等给予支持。

（3）拓宽创业融资渠道

对于新型职业农民的创业，国家要鼓励和支持他们拓宽融资渠道，对社会企业行业参与新型职业农民创业项目同样给予支持鼓励。

（4）享受农业扶持政策

第一，农业龙头企业和合作社享受政府的补贴政策，必须接受新型职业农民培训，并且取得资格证书。

① 对农业龙头企业和合作社的经理或理事长，要求其必须取得新型职业农民资格证书。

② 农业企业或合作社年销售额在500万元以下，要求其必须有1人以上取得新型职业农民资格证书。

③ 农业企业或合作社年销售额在500万~1000万元，要求其必须有2人以上取得新型职业农民资格证书。

④ 农业企业或合作社年销售额在1000万元以上，要求其必须有3人以上取得新型职业农民资格证书。

如果农业龙头企业和合作社符合上述任意一条，各级农业产业化龙头企业或示范合作社评定时，有优先被推荐的权利；在享受贷款贴息、农产品以及质量管理体系认证、农产品营销和品牌建设等补贴按政策给予优先优惠；在享受支农资金项目扶持方面，也有被优先推荐的权利。

第二，对于那些取得新型职业农民资格证书的本地专业大户（含家庭农场），在他们创业发展的过程中，都要给予政策支持。根据专业大户（含家庭农场）现有种养规模、生产经营能力、家庭常年务农人员数和农产品安全生产责任意识等综合评定，凡是符合条件的，在土地流转、农机具购买、农业基础设施建设等方面给予相应优惠政策。

（5）先进性奖励政策

优秀的新型职业农民学员，按照培训学员的考试成绩、效益、出勤、规模、诚信等评选条件，将20%的学员评为优秀学员，并给予一定的奖励。

在对新型职业农民扶持的方面要做到以下八点。

第一，加大财政投入

关于新型职业农民培育专项资金，县财政应该每年有120万元的预算，主要用在新型职业农民信息化建设、生产扶持、考察学习，每年评出新型职业农民示范30名，并且每人奖励3万元；每年评出30家县级示范家庭农场，并且每个县级示范家庭农场奖励3万元。

第二，项目扶持

凡是与农业有关的项目，在申报的时候都要向新型职业农民倾斜，新增的惠农补贴资金也要新型职业农民优先。

第三，健全担保服务体系

由县政府投资组建的农民创业担保基金，主要为新型职业农民贷款担保和贴息服务。

第四，减免税费

对新型职业农民生产经营收入减免所得税、营业税，自产自销农产品免征增值税。

第五，用地用电保障

对于具有发展规模经营的新型职业农民来说，那些直接用于农业产品生产的设施用地，凡是经过批准，就不用再办理农用地转用审批手续。对于从事种植和畜禽及水产养殖用电的新型职业农民来说，他们的用电按照农业生产用电价格执行，对于他们所需要的用电服务要优先办理。

第六，金融信贷支持

培育新型职业农民，每年在县创业富民资金中安排不低于1亿元的财政贴息贷款。

第七，优化金融信贷环境

新型职业农民可以用益物权，如土地承包经营权、林权、农村房产等进行抵押融资。

第八，完善社会保障

允许新型职业农民到城市安家，并制定相应社会保障政策。

（二）新型职业农民培育的质量保障机制

现今新型职业农民的培育工作，各方面机制都还不够完善，进一步提高培育的质量，必须进一步建立和健全新型职业农民培育的质量机制，不仅要明确阶段性目标，还需要把长远的工作目标和任务落实下去，将强化约束机制，坚定不移地持续推进。

1. 建立新型职业农民培育全程督导机制

要建立起新型职业农民培育全程督导机制，把实施新型职业农民培育的主要目标和任务落实情况作为全程督导的重点。

（1）制定督导评估指标体系

根据新型职业农民培育工作目标管理责任书，将相应的督导评估指标体系制定出来。通过督导评估指标体系，将实施新型职业农民培育的目标和任务，分别落实到各级政府及其有关部门以及各类新型职业农民培育机构。第二年，在各级教育督导部门的引领下，根据督导评估指标体系，对有关部门和下级政府以及新型职业农民培育机构的目标管理责任制，执行结果进行督导评估，根据督导评估结果划分等级，分别进行表彰奖励。

（2）加强过程管理，增强督导管理的实效性

根据新型职业农民教育培训目标和要求，将新型职业农民教育培训管理制度建立起来，并不断完善，要将招生管理和培训管理不断规范，经费管理也要不断规范。把新型职业农民教育培训工作的考核办法制定出来，绩效评价指标体系也制定出来。将新型职业农民教育培训评审的专家队伍建立起来，从而可以将新型职业农民教育培训质量评估工作开展起来。不断加大新型职业农民教育培训工作和监管力度，在教育培训质量的考核过程中要严格管理，加强督导检查，对于新型职业农民教育培训质量和效果要有所保障。

（3）努力提高评估信度

对于督导评估指标的内容要正确理解和科学把握，根据督导评估指标，将目标任务部署工作和指导工作确定下来，定期对下级、本级各有关部门管理责任制实施工作进行调度，及时掌握实施情况，对实施过程中的实际问题进行分析研究，并适时采取相应的对策和措施，及时解决问题和矛盾，促进实际工作的改进。对于督导评估的模式要善于改进，将信息来源渠道拓宽，评价技术也要不断改进，将评估信度提高。

2. 谋划新型职业农民培育跟踪服务机制

培训新型职业农民是一项系统工程，可以分为培训前、培训中、培训后三个阶段。其

中培训前要做的工作就是对新型职业农民激励和保障，培训中要做的工作就是新型职业农民的管理，培训后要做的工作就是对新型职业农民的跟踪服务。最重要的是培训后的跟踪服务工作，这是增强培训效果的最有效方法。新型职业农民培育体系建设一般只考虑培训过程中各个环节的管理工作，看重新型职业农民的培训课程、培训经费保障、政策支持和培训方法，忽略后续管理与跟踪服务工作，于是出现了"只开花不结果"的现象。很多经过新型职业农民培育的农民，在实际的操作中却遇到了很多困难，而又没有后续的帮助和指导，很快又陷入困境。怎样对新型职业农民做好跟踪服务，帮助他们在实际工作中，把知识转化为能力，将学到的理论经实践转化为成果，促进他们发挥示范、主干、辐射等作用，延伸和扩大培训成果，这对于培训机构和教育管理部门来说是一项重要课题。需要从以下三个方面做起：

（1）健全跟踪服务制度，明确工作任务和工作责任

关于新型职业农民的跟踪服务，虽然有一些制度，但在实际操作中却出现了管理责任不明确的问题。因此要明确相关部门的责任和工作。

①新型职业农民的跟踪服务和指导是一项系统性工作，所以培训后跟踪服务不是某个单独的部门能够完成的，需要地区之间横向协调，部门之间通力支持。县、乡镇要形成培训合力。

②在学员的学习管理上，通过问卷、访谈、学习表现记录、课堂观察等方式，明确跟踪服务的内容。根据每位新型职业农民自己制定的职业生涯规划，量身定做跟踪服务的内容和项目，精心设计全程性的跟踪管理内容，对于学员在生产发展中遇到的困难和问题要及时了解，采取双向联系跟踪，将和谐的培育氛围营造出来，努力做到"培训一人，扶持一人，成才一人"。

（2）制定体现以新型职业农民为本的跟踪服务计划

新型职业农民培育的中心应该是新型职业农民，新型职业农民培育的出发点和归宿就是满足学员的需求，对每位参训学员都要设立"量身定制"的跟踪服务。为参训学员建立个性化档案，实施有的放矢的后续培训。应该根据学员在培训时的评价等级以及其所处的不同发展阶段、不同发展方向，对参加培训学员建立个性化的信息资源库，让每位学员在不同的专业发展阶段都能得到他们真正需要的服务。

（3）完善学员对新型职业农民培育的后续技术支持和相关社会服务体系

为了能够方便地了解新型职业农民的情况，相关部门和培训机构应该根据先前制定的计划，通过"面对面"和在线学习相结合的混合模式实现跟踪服务渠道的双向畅通。同时定期开展"问题解决式"的学员与学员之间、学员与专业技术人员之间的探讨活动。譬

如，可以每月针对性地开展学员在创业过程中出现的问题的研讨活动。在活动中，不光要开展传统的教研课，对自己在农业实践过程中处理该问题时的相关经验，各位专家和每位学员还要进行讨论，从而将解决问题的方案拟定出来。

另外，由于学员和专业指导不在同一个地方、时间和精力也有限等原因，应该开辟在线服务，通过现代化的通信手段进行快捷、便利的跟踪指导。通过建立专业人才资料库实现各地区专业技术人才的共享，实现优质专业技术人才最大的社会价值。除了通过互联网手段达成专业技术人才的共享，还需要通过互联网构建网上交流平台，确保参训学员与学员之间、学员与专业技术人员之间，在培训后还能保持通畅的联系，当遇到实际问题时，能及时向专业技术人员求教或与其他学员进行交流、探讨，做到互通有无。同时还要鼓励专业技术人员和优秀村级技术人员，设立一些现代化网络平台，如"教育博客"和微信公众号等，与学员之间交流农业技术经验、解答疑难问题等活动。

二、新型职业农民的培育路径

(一) 产业化

1. 与特色主导产业发展相结合

新型职业农民要想使其收入增加，最终走向致富的道路，就务必把特色主导产业作为主要产业，也务必加快推进农业产业化经营。有了主导产业，农民才有可能在农村发展生产；农民才能在特色主导产业中将经营理念提升，农业产业链延长，农产品附加值增加，农业产业规模扩大，农产品市场竞争力增强。使农业抵御自然灾害的能力不断增强，抵御市场风险的能力不断增强。

2. 与新型经营主体建设相结合

现代农业发展推进的核心是加快培育新型经营主体，现代农业发展推进的基础也是加快培育新型经营主体。一些新型经营主体（如家庭农场、农业产业化龙头企业、种养大户、农民专业合作社、农业社会化服务组织等）在近些年已经成为发展现代农业的主导力量。新型经营主体通过对各种生产要素进行科学组合和集约利用，使得生产成本大大地降低，交易成本也大大地降低；新型经营主体把生产前的服务和生产后的服务统筹管理，交给农民的只有生产环节，这样一来，既消除了农业生产中的技术风险、市场风险、决策风险，还降低了新型职业农民的成长成本，我国农业商品化程度低和农产品市场一体化程度低的问题得到了有效解决。

3. 与农民教育培训专门机构建设相结合

由于新型职业农民培育属于公益性质，为此一定要有一个专门机构将其统管起来。

（1）规划

关于新型职业农民的培训，专门机构为其制定详细的培育计划。

（2）协调

新型职业农民培育需要对农业教育资源进行组织和整合，要将农业院校和科研院所以及推广部门的作用充分发挥出来。

（3）调控

关于资金、人数和服务，要依据国家的战略和政策的目标来进行调控，对土地流转、农业保险、社会保障、技术推广等部门之间的配合进行协调。

（4）检验、管理和服务

对于新型职业农民来说，一定要加强培育后的跟踪服务，当新型职业农民在实践中遇到一些困难和问题的时候，一定要积极地引导和指导他们，使其今后可以独立克服困难。

4. 以市场为导向

现代农业产业化的特点是要把农产品生产、加工、销售相整合，实现农、工、商一体化，这要求职业农民的经营方式必须由自给自足的小农经营转变为以市场为导向的产业化经营。为此，要将职业农民培育成为会经营、善管理的，具有企业家精神的市场经济主体。相应地，应该培育职业农民的市场意识，使其参与市场竞争，以开辟新的市场空间；增强其获取营销知识和进行决策的能力；提高农产品生产经营领域的创新意识和管理水平，培养全局性、战略性的经营思维，在更高层次上实现农业生产要素的优化配置；通过调整生产结构，发展多层次、多元化和多地区的各具特色的生产组合。

（二）组织化

1. 新型职业农民联合与合作的必要性

传统的农民囿于分散、封闭的小农生产方式，分工主要限于家庭内部，对农业的社会化服务需求较少，因而其组织意愿和组织能力较弱，难以支撑现代农业的发展。相反，新型职业农民专注于农业产业链的特定环节，专门从事农业生产经营的某个领域，分工分业特点明显，因此为了协调合作，新型职业农民需要具备组织能力。此外，作为理性经济人，新型职业农民从事农业生产的主要动力是尽可能多地获取利润，因而其生产经营主要以市场需求为导向。为了应对瞬息万变的市场需求、降低交易成本和经营风险，职业农民必须掌握足够的信息、资源，因而联合起来构建不同的农业经济组织是必然的选择。

2. 农业经济组织是新型职业农民培育的重要载体

市场化是新型职业农民发展的关键环节，而农业经济组织以市场为导向，是农业生产直接与市场对接的重要渠道。依托农业经济组织，个体职业农民能够提高生产能力、抗风险能力和信息获取能力，从而提高其市场化程度。此外，新型职业农民的本质属性决定了农业产业化、市场化水平较高，土地规模化、机械化经营较普遍的地区会率先出现职业农民。很多农业经济组织是伴随农业产业化、规模化、农民职业化出现的组织形态，因而有利于组织开展各种职业农民教育和培训工作。不仅如此，农业经济组织往往是根据当地的农业产业链环节，和农民从事的具体农业经营来构建的，既符合当地农业发展的实际情况，又与当地的农业生产密切挂钩。因此以农业经济组织为载体，培育新型职业农民可以做到有的放矢。

（三）依托高等农业院校

由于我国新型职业农民培育良性运行机制还不够完善，新型职业农民的培育还要根据不同经济区域、不同产业领域、不同的培训目标选择不同的培育模式。

高等农业院校必须全面贯彻党的教育方针，坚定服务"三农"的决心不动摇，可着重从四个方面来满足培育新型职业农民的需求：

第一，高等农业院校应肩负起为农业现代化和新农村建设培养专业人才的重任，深化体制改革，积极改进办学模式，健全机构设置，加强组织领导，为涉农学科服务于新农村建设提供组织保障，拓宽直接面向农民的高等教育办学领域，着力培养新农村建设急需的理论与应用型人才。

第二，高等农业院校应对基础研究和应用研究采取"两手抓，两手都要硬"的策略，既发挥高新技术在农业领域的引领作用，又可以使高新技术被农民迅速掌握，打造真正具有先进科技理念、掌握先进知识、熟练运用先进技术的新型职业农民。

第三，为培育出具备一定经营管理素质、掌握一定经营管理知识和技能、组织并带领农民参与市场经营活动的新型村干部及农业带头人，高等农业院校应建立多层次、多渠道的培训模式，促进农村干部队伍及农业带头人业务素质、管理水平和决策能力的提高。

第四，结合新型职业农民在新农村建设过程中的具体需求，进一步完善高等农业院校服务新农村建设的内部机制，结合实际进行人事管理、科研组织、社会服务以及人才培养等方面的综合改革，制定相关约束、激励等管理运行机制，锻炼科研队伍，促进学校教学观念的改革。

(四) 依托现代农业园区

在开展新型职业农民培训中，依托现代农业科技示范园区，建立职业农民培训基地，由院校专家教授和园区技术团队组建职业农民培训师资队伍，对种植养殖专业大户和科技示范户、农业龙头企业和合作经济组织负责人、返乡创业农民等，开展系统性、专业化培训，为现代农业发展提供人才智力支撑，在新型职业农民培训领域进行有益的实践与探索。

1. 依托现代农业园区的科技示范园 (场)，建立职业农民培训基地

在推进现代农业园区建设中，按照"建一个农民培训基地、办一所农民培训学校、带动一个产业开发、促进一方经济发展"宗旨，把开展职业农民培训作为首要任务，在园区设置培训教室和实验室，周边建设科技试验田、示范园、养殖场，再聘请农业科技专家在园区进行科研和技术培训、现场指导和大田示范。这种专家教授和技术团队，对农民进行面对面讲课、手把手指导的现场培训，可以实现专家与农民的有效对接。农民看得见、摸得着、学得懂、用得上。现代农业园区不仅成为科技成果创新、农业新技术推广的基地，还可以成为设在田间地头、农业产业带上对职业农民开展现场培训的基地和课堂。

2. 在现代农业园区辐射带动的产业区域，开展系统性的专业培训

为加强实践教学，提高培训实效，在畜牧业、特色果业、设施蔬菜集中产区，依托农业科技示范园 (场)、专业生产基地、畜牧养殖小区等，建立职业农民培训课堂，针对农民发展产业的科技需求，进行专科讲授和实践演练。按照农牧业和区域特色产业的生产周期，把所需的专业生产知识和技能集成整理，形成系统性的产业培训教材，专业培训在150~200学时，理论知识与实践操作紧密结合，完成培训后将达到新型职业农民 (高级奶农、高级果农、高级菜农) 的专业要求。

3. 以现代农业园区为主导，推进职业农民培训科学化和规范化

现代农业园在开展新型职业农民培训工作中，对培训教师的要求是既能讲授理论知识，又能实地演示操作技能，园区聘请院校专家教授担任首席专家，领衔新型职业农民培训工作，以园区的技术团队为主体，吸收农业生产第一线脱颖而出的"土专家"，组建合理的教师队伍。除在主导产业的集中产区开设培训课堂外，根据生产季节，采取向学员赠送技术手册、发放技术光盘和技术资料、现场解答问题等形式，帮助农民更好地掌握和运用所学的知识和技能。参加学习的职业农民完成全部培训内容后，对学习绩效和教学工作进行评估。通过考核评估，分别授予农民高级奶农、高级菜农、高级果农资格。

4. 将园区专业培训与新闻媒体宣传进行有机结合

广播电视等新闻媒体为农民科技培训提供广阔的发展空间和有效的传播途径。在园区开展职业农民专业培训的同时，也要充分发挥新闻媒体的宣传作用，创办农民培训专题栏目。坚持"面向农村、突出科技、注重实用、服务农民"的宗旨，按照农事季节，因时、因地制宜，对农业科技新成果、农牧业新品种、种植养殖实用技术和先进的致富典型，制作农业专题片，通过电视台、网络宣传播放。

第七章 "互联网+"时代背景下农业的创新路径

第一节 "互联网+"时代背景下农业服务体系的发展

构建农业标准化体系有助于我国农业发展步入新的阶段，在当今时代，推动农业发展，实现标准化经营是必须要走的一条战略道路。当前，我国农业标准化体系建设正处于初步发展阶段，仍有很多方面有待进一步完善。加快农业标准化体系建设，不仅要实现产品标准、操作标准、质量标准、实施标准和加工与包装标准五个方面的创新，建成标准、实施、服务、监测和评价五大体系，而且要提高生产经营者的农业标准化意识、制定农业标准化发展规划、完善农业标准化机构等。

农业标准化需要信息手段来规范，针对当前农业标准在管理、查阅、推广工作上存在的问题，结合农业标准信息化的发展趋势，构建网络化的农业标准服务平台，将农业标准集成到网络环境中，制定适用于网络的农业标准体系。研发农业质量标准信息化系统，首先调查研究各标准使用主体的需求，设计相应的数据库规范字段；然后通过标准间的引用与被引用关系，关联全库标准、项目指标、检测方法，同时对每项标准进行多级分类，建立标准数据库原型。按照"整合资源、避免重复、共建共用、利益共享"的原则，收集、追踪农产品质量安全标准、农业行业标准、农药和兽药残留限量标准等，整合标准信息资源，确认数据有效性并加工整理成规范的文本信息，包括标准档案加工处理、标准信息的分类加工、标准计划与已发布标准的关联对应；最后上传全部数据构建农业标准数据库。采取"用户端+服务器端"（C/S）结构设计，针对不同标准应用主体开发不同的功能模块，集成包括查询、推送、有效确认、统计与反馈的农业质量标准信息化系统。结合网络、多媒体和计算机技术建立高效的农业标准信息化体系，建立涵盖标准全文、项目指标和检测方法，并且数据准确有效、更新实时全面、查询便利精准、推送快捷多样的标准信息系统，为农业标准的深入实施应用提供技术平台，为农产品生产、检测、科研、监管部门标准化工作提供技术支撑；同时及时整理更新农业生产所涉及的标准（规范）及相关信息，并通过共享的信息平台进行发布，为农业标准的有效性、及时性、科学性提供保障。

一、农业标准信息库

我国农业发展正处于转型过渡阶段，农业质量标准化、标准信息化成为我国提升农业竞争力、增强农业发展效益、加强农业监管工作所必须选择的战略途径。农业标准化和我国农业现代化、产业化、市场化的发展进程有着紧密的关联，是发展现代农业的迫切需要；农业标准信息化有利于我国更好地实现农业方面的执法和监督工作，为政府决策提供重要的信息参考和依据。

农业标准化是指以农业为对象的标准化活动。具体来说，是指为了有关各方面的利益，对农业经济、技术、科学、管理活动需要统一、协调的各类对象，制定并实施标准，使之实现必要而合理的统一活动。其内涵就是指农业生产经营活动要以市场为导向，建立健全规范化的工艺流程和衡量标准。农业标准化通过最小的投入实现最大的产出、实现效益最大化，是实现农民增收的有效途径，同时也是督促农民生产符合标准的优质安全农产品的过程。如何通过标准化手段把实施标准化生产转化为经济优势，进一步提高农产品质量，有力促进农业增效、农民增收，是农业标准化建设面临的重要问题。

（一）农业标准实施应用的重要性

在农业标准化活动中，标准的贯彻和实施是不可缺少的重要环节，它的重要性如下。

第一，实施标准对产业经济的发展能够起到有效助推作用，有助于我国农业改变原本的小农经济生产方式，更快地实现规模化经营。农业标准化具体涵盖了：农业标准的修订、标准的组织实施及监督。我国已经基本构建起了一套农产品质量安全技术标准体系，该体系能够和国际标准接轨，使得我国农业无论是在生产还是质量监督方面，都有了可以参考的明确标准。而有了明确的农业标准，农业生产就能够更顺利地实现规模化、专业化、产业化经营，让农业以新型方式进行生产活动，让最终产出的农产品在市场上占据优势地位。我国政府主导的安全优质农产品公共品牌——"三品一标"（无公害农产品、绿色食品、有机农产品和农产品地理标志），通过实施认证标准，如相关产地环境、生产技术规程和产品标准等，灌输标准化生产理念，通过引导生产主体实施标准，强化质量安全控制，树立和维护品牌形象，取得了显著成效。

第二，实施标准能够让先进的技术经验得到人们的接受和认可。标准之中对各种先进的经验、技术、科学等进行了总结。实施标准能够联结科研、生产、使用这几个方面。通常而言，凡是被纳入标准的技术或者科研成果都能够得到有效的推广，让人们更好地接受和应用。与此同时，标准的实施也能够推动标准自身的不断优化完善。

第三，实施标准能够令政府管理效率得到一定程度的提升。标准的存在提升了政府监管工作的科学性，让政府的行政决定过程有据可依，让其决定的结果更有可信度。另外，实施标准也在一定程度上让政府的管理工作更有效率。

（二）加快推进标准实施应用的策略

第一，完善农业标准体系。以强化国家层面的国家标准和行业标准为重点，在比对参照国际标准的基础上，从满足重点行业生产、监管、贸易的实际需要出发，以生产加工环境要求及分析测试、种质要求及繁育检验评价、农业投入品质量要求及评价、农业投入品使用、动植物疫病防治、生产加工规程及管理规范、产品质量要求及测试、安全限量及测试、产品等级规格、包装标识、贮藏技术等全过程为链条，进一步完善我国农业标准体系。国家层面标准重点突出农兽药残留限量及检测方法、产地环境控制、农产品质量要求以及通用生产管理规范等标准。农产品生产技术规范、操作规程类标准由地方标准来配套，使每个县域、每个基地、每个产品、每个环节、每个流程都有标可依、有标必依。

第二，搭建多元、完整的推广体系，加大农业标准技术的宣传力度。首先，对农业标准化知识进行推广。在"互联网+"时代可供利用的媒体渠道较多，相关部门可借助这些媒体对农业标准化知识进行推广，让更多的农民接触和了解这些知识，从而潜移默化地转变农民的原有思想及观念，让他们自觉地将标准化知识应用在农业生产活动中。其次，尽快搭建起标准化推广网络。在多渠道推广的基础上，将技术推广人员的作用充分发挥出来，并积极建立市有示范区、县有示范乡、乡有示范村、村有重点示范户的标准推广网络，让更多农户认识到农产品标准化所具有的重要价值。最后，让龙头企业真正发挥示范作用、带头作用、引领作用，把更多农户引领到标准化道路上来。

第三，构建完善的农业标准监督体系，进一步强化监督力度，推动农业标准的正常实施。各相关部门要严格做好监督工作，强化对农产品和农业生态环境的监督及检测，并努力建设起农业全方位的监测网络。

第四，搭建和完善农业标准化信息体系。农业标准化信息体系的建立和完善，有助于更好地对外部公开农业标准信息，有助于将农业标准化服务水平提至新的高度，让公众能够更便捷、更迅速地获取和应用标准信息。首先，要尽快完善农业质量标准网的政务服务和社会服务功能，将网站建设成为全国农业质量标准工作的权威门户。其次，要开发标准信息系统。立足标准信息源头，着眼公共服务，建立起集质量标准信息动态发布、意见征求、文本推送、标准宣贯、意见反馈、统计分析于一体，数据准确、推送快捷、使用方便、服务高效的标准信息系统。最后，逐步将各地农业地方标准纳入农业农村部的标准信息系统，形成"一个平台、分布对接，整合资源、集中服务"的标准信息服务新机制。

二、农业标准使用规程

（一）农业生产技术标准的基本要求

生产力发展到一定阶段必然会走上标准化道路。在农业方面实施标准化能够令农业产业素质得到较大幅度的提升，同时也能够将工业化理念应用在农业领域，让农业、工业这两个领域实现更好的对接，推动它们的协调发展。农业标准化的实施和工业化理念的融入，能够让农户对工业化生产经营方式加以借鉴，从而推动农业内部实现合理分工，让农业行业真正实现专业化生产、集约化经营、社会化服务。另外，农业标准化的实施有利于资源的合理配置，让农业行业的资源、技术的作用充分发挥出来，在成本不变的前提下争取得到最佳收益。

（二）农业生产技术标准的制定原则

农业标准化是农村农业的重点发展方向，是将工业化理念应用在农业发展领域，使之成为一种新的指导思路。做好农业标准化工作的首要任务在于构建农业标准体系。从当前的状况来说，农业的产品标准和环境标准是国家制定的，有着突出的统一性、规范性。农业生产技术标准的制定者则是各个地区，不同地区的标准之间有着较大的差别，且不具有较强的规范性。

1. 农业技术标准的基本要求

农业生产方式和农业诸多方面有着密切关联，如生产成本、产品安全、产品质量、产品产量等。相较于传统的农业生产方式来说，标准化的生产方式有着更高的经济效益和生态效益，它能够减少资源浪费，有效控制生产成本；标准化生产方式能够让农产品的产量提升 10%~15%，并且能够提升优等产品在产品总量中的比重，约95%的农产品能够达到合格标准；标准化生产方式令劳动力成本和生产成本都有所减少，且能够让产品效益提升约10%。

2. 制定农业技术标准应遵循的原则

"统一、简化、协调、选优"是在制定农业技术标准时应当始终贯彻的基本原则。与此同时，还应遵循下列原则。

（1）强调地域性

不同地区有着不同的自然条件，这些外部环境在很大程度上影响和决定着农业生产的各个方面。所以，在制定农业生产技术标准的时候，一定要考虑到地域因素。因为不同的地域有着不同的自然生态环境，应当耕种的品种也存在差异，所应用的病虫害防治技术也各不相同。唯有将地域因素考虑在内，才能够让农业标准化生产具有更强的针对性和可行性。所以，农业技术标准应当由自然环境类似的区域共同制定，并且对不同区域的标准做出明确的区分。

（2）强化针对性

一个地区内往往会发生多种农作物病虫害，并且单种作物可能发生的病虫害种类也十分多样。但在对农业生产技术进行规范制定的时候，无法把所有病虫害防治方法都十分明确地写出来，否则不利于标准的使用和推行，让标准看起来十分烦琐和复杂。通常而言，下列两点是引发病虫害的主要原因：一是栽培管理不到位；二是特定生态条件所引发的。在制定技术标准时，制定者需要对当前技术标准下可能出现的病虫害种类加以考虑和分析，明确在现有环境下定然会出现的病虫害种类。据此制定出来的标准简约、准确、针对性强，有利于后期农户的阅读和实际操作。

（3）提高操作性

农民操作是让农业技术标准落地的关键环节。要想在大范围内推广和应用农业技术标准，那么就要求该标准具有较强的可操作性。农业技术标准最终是服务于农业产品标准的，所以最终目的在于达成产品标准，而非一味地将当前最先进、最高端的技术应用在农业生产方面。举例来说，部分蔬菜在生产过程中会出现一种虫害——白粉虱，当前最先进的防治方法就是饲养丽蚜小蜂，做到以虫治虫，但这种方法需要农户在饲养丽蚜小蜂方面投入较高成本，不适合长期应用；相较而言，化学防治方法更容易为农户所接受，因为只要科学、适量地使用农药，就能够在除虫的同时做到无过量农药残留，且购买农药所花费的成本也是农民可以接受和承担的。应当明确的是，在很多地区都存在着这样一种错误倾向：在对无公害生产技术规程进行制定的时候，过于追求使用当前最先进的技术，而忽略了技术在实际农业生产中的落实情况，最终造成先进技术农民不愿用、实用技术农民学不到的情况，而这无疑给产品质量造成了极大的负面影响。另外，生产技术标准的语言应当明确清晰，能够让绝大部分农户无须进行深入的思考研究就能够轻易看懂。

（4）增加适应性

农业生产技术标准不是一成不变的，它应当随着产品质量标准而不断调整，并根据当前的病虫害种类和农业技术情况而持续地优化完善。详细而言，若是农产品品种优化后栽培技术也发生相应改变，出现的病虫害种类也和以往有了较大不同，那么相关人员就会根据最新情况对农业技术标准进行相应调整；新型农业投入品的使用会令栽培技术有所简化，此时也要及时调整农业技术标准。农业生产条件一旦发生变化，那么品种生长情况、病虫害防治重点定然也和以往存在差异，此时也要及时调整农业技术标准；农药和生物防治技术的优化发展会在一定程度上简化病虫害防治工作，此时农业技术标准也应当有所变化。通过上述内容可以知道，农业技术标准制定出来后并非就是固定不变的，为了让技术标准具有更鲜明的针对性，相关部门应当根据最新情况对其进行优化和调整。

（5）注重简约化

不同的农业生产技术之间存在着密切的关联，例如施肥技术、栽培技术、灌洗技术等，另外它们都和病虫害的出现有着极大的关系。部分已经制定和推行的无公害生产技术标准，为了让农产品更加安全，通常会对正确的栽培技术加以强调，试图通过应用最先进的栽培管理技术来降低病虫害出现的概率，从而最大限度地避免在生产过程中使用各种防治病虫的化学农药。这种标准制定理念的出发点是好的，并且也遵循了正确的制定原则，但是并非所有栽培技术都适用，故而要做到具体情况具体分析。部分栽培技术的运用确实能够很有效地避免病虫害的发生，那么这些技术理应被写入技术标准之中，即便这些技术可能会让农户投入更多的劳动量，但因为它们最终会给农户带来更高的产量和更有品质的产品，所以农户也十分倾向于在生产过程中使用这些技术；而部分栽培技术无法对农业生产中的病虫害起到有效的防控作用，那么在制定技术标准的时候就无须将这些技术体现出来，避免因为这些技术的应用让农户耗费较多的劳动量。

（6）力求科学化

农业技术标准的制定和应用有利于防控农业生产中的有害物质，尤其是农药残留。所以，最终制定出来的技术标准要对农药的使用方式、剂量等做出明确的规定。首先，要阐明农药毒性问题。在对病虫害进行治理时，要先考虑是不是适合用生物农药予以解决，若是不适宜使用生物农药再选择使用化学农药。所选用的化学农药也应当是低毒、高效、低残留的。当前，我国尚未制定出较为全面的农药残留标准，但总体而言，在选择农药时，在确保高效的前提下应当尽量选用那些残留量少、毒性低的产品。唯有如此，最终生产出来的农产品才具有较高的安全性。其次，要明确安全间隔期问题。部分作物是一次采收的，故而解决这个问题并不麻烦，从某种病虫害的最后一次施药时期到作物收获期的时间，就可以筛选出适宜的农药品种。而对于那些需要连续采收的农作物，那么就要把其采收间隔期作为选用农药的重要依据，在其他条件相同的情况下，农户最好选用那些安全间隔期较短的农药品种。

三、"互联网+"时代下的新型农技专家服务

（一）对专家服务的新要求

1. 技术要求

新形势下的信息化环境，对专家提出了新的要求。专家要掌握农业技术，具有较高的专业理论水平、技术知识和丰富的实践经验。在新形势下，技术更新也要与时俱进，所以说专家不仅要有扎实的专业技术，同时也要有较强的学习能力。

2. 产业领域新要求

同一领域的产业，如想生产出高品质产品，需专业化定向指导，而这种指导性服务，就叫产业定制化服务。这种服务效果是在生产过程中的各个环节，以产业标准化的要求来匹配相关产业类专家参与其中。包括后期商标申报、创业项目、金融融资等一系列流程。产业定制化，将工业标准化元素结合在一起，使服务更有针对性。同时，这种服务工作流程是定向及持续的，对专业性的服务团队要求较高。定制化服务要按协议中的服务内容和时间来提供服务，同时对产品后期如包装、推广、宣传等一系列流程都应做专业化指导。在信息时代，人们对产品要求越来越高，定制化的服务可能不仅限于某个产业或企业，而极有可能是针对一个家庭或个人进行定制化服务，按个人需求给予前端产业规划，或按家庭单位设置农产品种类、产品规格及特点，同时按个人及家庭健康指标、消费能力来配置产品种类，按照目前受众需求和整个大环境来定制产品及服务。

3. 信息化服务能力

在新形势下，专家不仅需要有扎实的理论和技术水平，还要具备培训学习、产业服务以及信息化操作能力。信息化的平台，需要专家懂得利用信息化手段更好地进行服务。

（二）专家服务瓶颈及未来平台设想

公益类服务指的是政府扶持或地方进行适当补贴的服务形式。公益类服务的局限性很强，在服务过程中受当前政策和工作流程复杂等因素的制约，因而公益类服务难以调动专家的积极性。农村信息化服务，以往都是以公益化服务形式为主，服务的方式较传统，但在互联网时代，这种服务方式体验度不强，服务形式也变得鸡肋。同时，公益化的专家服务补贴方式，随着政府改革也发生了变化，专家的服务与补贴无法快速匹配，导致专家的积极性不高，服务方式单一化，也使用户体验度降低，长期下去，服务形式得不到延伸。因此，增值化的服务成为解决此类问题的关键。我们以专家为单位，可以发现专家背后的

资源非常丰富，如何利用这方面的资源及调动专家的积极性是我们研究的关键。

1. 人联网式的服务

农村已经有了科技产业链建设、农技服务、成果转化、科技创业、科技扶贫等平台，部分平台已较为成熟。在此背景下，为更好地推动农村科技服务体系建设，我们结合新的市场形势和已有的工作基础，提出建设线上线下一体化服务平台设想：整合专家资源、服务方法及方式，以线上线下同时应答服务的方式进行技术指导，实现农技服务的个性化、快捷化，将分散的服务手段整合在一个 Personal Computer（PC）、Online To Offline（O2O）应答服务平台上，为用户提供个性化定制服务。

（1）快速

让农户便捷、快速地得到回应，通过定位推荐方便农户及时获得解决方案。个性化快速应答，在服务上面更人性化，同时，在智能服务上，专家的快速应答可及时解决农户需求问题。

（2）定位

分答系统以用户定位为主要辐射，以区域和产业为根据优先推荐用户需求，给予快速定位推荐。目前服务定位系统技术越来越成熟，在农村，服务定位、物流定位、产业定位等都可在人联网式的个性化服务中实现。用户定位服务，可以就近为农户提供专业、及时性的服务，应答准确，可行性强。

有服务要求的用户或团队进行定位呼叫，系统可按用户所处位置进行专家匹配和服务匹配。如需选择更高端的服务内容，系统会有更多定向选择。这种主动发起服务的方式，可直接拉近用户与服务专家的距离。另外，这种服务方式也有一定的数据参考，用户的精准化数据让服务专家更清晰、更人性化地给予解决方案。

（3）增值

增值化的服务也是专家自媒体服务的体现。农村信息化服务平台应发挥资源及平台优势，让专家以自媒体付费增值的形式进行服务，这种服务形式的实现可以极大地提高农村专家的积极性和自主性。企业也可利用这种自媒体展示的形式提供技术展示、产品展示、销售指南等服务。

（4）方法

通过对专家服务形式的研究发现，服务方法是多元化的，例如热线、在线互动、远程、社群、语音、直播、视频远程诊断、企业指导、电商产品推荐等。

具体研究如下：第一，主要体现形式。农村信息化平台按照服务手段可分为线上、线下两种平台。线上平台以互联网在线互动形式为主，这种互动形式有微信、远程、社群等，服务方式更直观化。可以说，在互联网时代，互动这种方式与自媒体相结合后，更容易被受众所接受。线下以传统互动为主，如热线、现场指导、培训讲座等。在服务手段上，农村信息化平台应充分利用好这方面资源，更好地服务用户。第二，主要服务内容。主要服务内容按个体和企业不同也有不同的设置。可以说，服务人员应打破常规，为个体用户和企业用户提供针对性的服务内容，让资源充分利用，这种信息化服务手段才更容易推向市场，更容易发挥信息化服务的作用。手段的创新也是互联网整个环境的创新，手段的进步也让我们看到整个互联网大环境是如何快速发展起来的。

（5）资源

资源研究是手段研究的前提。我们从专家服务形式和服务内容中可以看出，专家的服务方式分互动咨询、热线转接、课件下载、现场指导、产品及基地推荐、企业指导等。从现有思路中我们可以看出，专家可作为个体，根据身份及产业设置上传合法课件，课件以个人页面展示、服务个性化定制为主，课件内容可以采用文本、图片、视频、产品及企业推荐等形式呈现。我们可以将课件转化为资源，将资源投入市场，打破过去无偿公益的方式。在资源走向市场的过程中，平台可以将专家的课件和科学技术成果当作有偿资源加以利用，从中获取适当的收益。因此，信息化平台主要以专家为主体，融入企业、基地、电商等元素，简单易操作。整合信息化平台主要服务元素，同时调动专家积极性，发挥专家个人资源和服务手段，参与互动服务。

2. 个性化的自媒体

自媒体更凸显"个体"这个标签，"个体"标签是自媒体人的重要标志。在形式上，自媒体只是"点对面"的传播方式。在信息化时代可以看出，大部分传统媒体的传播效果还不及个性化的自媒体，相较而言个别自媒体更贴近受众。因此，专家的自媒体可以以农户服务需求为依据，确定自身的服务内容及服务形式。

传统的新闻媒体将媒体与受众分得很清，它们采用的是"自上而下"的传播方式。而自媒体却能做到"人人都是媒体"。特别是微信、微博等手段的普及化，个性化的自媒体其实也是个人信用及用户肯定的标签。优秀的自媒体人，其运营效果胜过很多传统媒体。

自媒体是个人标签的一种，未来个人标签也是个人信用的一个重要代名词。在互联网发展的过程中，个人信用与标签，使个人的品牌展示有一个互动性的评估标准。农技专家在利用自媒体提供服务的同时，也要注意打造个人品牌。

3. 多平台的互动

对未来平台的设想是基于对专家服务形式的研究之上的，未来的互动平台是多样化的，更是智能场景化的。无论是农户还是企业，都能根据个人需求来定制互动形式。

（1）智能场景服务

场景式应答服务。以用户为主体，按需求进行应答。应答前用户可自主设置想要呼叫和服务的专家，采用智能场景服务应答方式，自行设置视频指导、手机微信指导等应答方式。专家的服务更人性化、便捷化，同时，智能场景不仅用在农技咨询上，还用在一些如物联网平台管控指导、电商产品推荐及其他农村技术培训上。现场互动操作、可视化指导，更有利于让受众接受服务。智能场景客户端会统一管理、审核专家团队及专家资源。互联网平台的资源和手段丰富，技术手段成熟，而大众对目前的基本操作也比较能接受，智能化场景在各大领域都可探索实现，如工业、教育等。所以说，智能化场景服务，可以在未来平台互动上发挥重要的作用。智能化场景也可用在电商体验上，智能化现场虚拟操作可让用户根据3D图像真实地感受到产品属性，并进行下单体验试用。这种操作真实可行，具有极大的市场前景。举例来说，假设客户A需要一款节日礼品，在传统购物模式下A客户需要在现场进行体验品尝，若是找不到满意的商品，那么A客户还必须辗转几家店寻找。而在智能化场景服务下，平台会根据A的需求，快速推荐适合A的产品体验店和产品属性及类型，A通过试用体验申请，快速收到商家的试用样品，满意后再进行下单。这种模式是未来购物的趋势，包括衣食住行。同时，包括农村田间物联网，让城市用户更真实地感受到农产品的生产过程，下单前能通过3D图像进行田间体验。这种体验是一种尝试性的，目前很多试用体验和线下体验店已经在走这条路，可以说，未来这种运行模式也会在各行各业中得到应用。

（2）跨界多元服务

跨界服务是一个新兴词，未来个人资源和工作领域也可能是跨界和多领域的，因此，跨界人才是未来社会发展所需要的人才。跨界，一开始是在工业领域提出的概念，主要指的是设计类跨界，也叫"跨越多个环节"。在农村地区同样需要多元化的人才资源，因为农村产业如果细化的话，可能也要分为很多方面和层次，所以说，一个领域，如果只涉及一个方面的农村技术指导，那么它是不完善、不现实的，而未来，农村的标准化越来越向工业标准化迈进和发展，农村人才的丰富和资源的不断更新，会涌现出更多的跨界人才。如一个农村产品，其农技服务和基地指导、产品设计、包装设计、品牌运营、品牌宣传、技术指导等，不是从单个或几个专家那里就可以获取到全方位有效指导服务的，多元化服务需要多元化人才，一个团队内需要包含不同领域的人才资源。所以说，企业整套服务的实现离不开多元化的服务流程和人才，越高端的企业，这方面的资源和技术需求越紧缺和迫切。以农产品茶叶为研究对象来论证，茶叶生产全过程包含多个环节——产品设计、产品运营、产品的基地指导等。基地指导涉及土地政策、土地改良等方面，因此茶叶的品种选定、茶叶的指导技术就需要有相关专家指导。到了采摘茶叶的时节，又需要专业的团队提前对茶叶进行产品设计、市场宣传等。茶叶的工艺鉴定，确定不同级别茶叶的受众人群，都离不开对整个茶叶市场的调查分析。而这种分析是以大数据为基础的，需要整个标准化生产环节来提供可靠的数据指导。所以说，跨界多元化服务在农产品领域是可以借鉴和探索的。跨界性的服务，也是多元化产业融合式的互动性服务，如果脱离这种服务，产品是没有竞争力的，也是无法得到市场认同的。多元化的产品需要多元化的服务，所以跨界企业需要对不同领域的专家资源进行整合，打造多元化的专家团队。

（3）产业定制化服务

定制化的服务模式，在目前农村基地及产业中已有比较成型的市场模式，如在猕猴桃基地中，企业推出果树认领活动，以二维码及物联网形式进行实时可视操作。很多城市居民以家庭为单位认领农产品，农村基地以家庭为单位进行过程监控。这个产品模式目前虽然还未完全成型，仍处于探索过程中，但也有较多可取的地方。而这种产业定制化的服务，可以看出是未来农业发展的一大趋势及亮点。

第二节　"互联网+"时代背景下农业电子商务的发展

一、"互联网+"时代背景下农业电子商务的理论基础

互联网技术的应用令农业产业的供给与需求之间的联系更加紧密，让整个农业产业链的细节工作更加精准，让农业生产与产品销售之间更加匹配，并且切实推动了农业电子商务的产生及发展。农业电子商务的出现及广泛应用，对于农业产业发展、产业结构调整、农业供给侧结构性改革等方面来说有着突出的现实意义。

（一）农业电子商务是经济发展新常态下的新业态

信息化技术已经渗透到农业领域，对农业的生产、管理、经营、服务等带来了巨大影响。传统的农业营销模式存在诸多局限：销售渠道有限、销售成本较高、未打造出知名的农产品品牌等。伴随着农业电子商务的出现及应用，农产品销售和休闲旅游农业发展方面都取得了突飞猛进的进步，令农业发展进入新的阶段。换言之，农业电子商务是经济发展新常态下的新业态。

农业电子商务的出现令农产品交易有了新的平台、新的方式。在农业电子商务的支持

下，人们不必固守于传统的交易方式，而是可以借助网络电子商务平台完成所有的交易环节。另外，通过电子商务，农户可以更准确地了解和把握市场行情及消费者的需求变化，并以这些资讯为依据，来调整自身的生产内容、生产方式，为农业贸易的发展繁荣奠定良好基础。农户也可以借助农业电子商务平台及时获取市场反馈信息，根据这些反馈明确自身的优势和不足，做到扬长补短，不断强化自身的产品特色，建立稳定的消费者群体，从而提升产品在农业市场中的竞争力。

农业电子商务能够让农贸交易不再受时间及空间等因素的制约。在传统农业商务中，人们主要通过固定位置的店铺来售卖农产品，并且店铺的开放时间也比较固定。但在农业电子商务出现之后，涌现出来大量的线上商店，它们的销售空间不再局限于线下的某个店铺，销售时间也不再有所限制，真正让农业商业交易突破了时空限制。所以，相较于传统农业销售模式而言，农业电子商务更有利于消费者需求的满足。

农业电子商务在农产品营销方面提供了助力。农业电子商务的出现和发展推动了农产品渠道结构的改变，并且在互联网技术和物流技术的推动下，农产品异地交易也成为人们普遍愿意接受的一种农业交易方式。农业电子商务的发展推动了农产品贸易渠道系统的一体化，并且促使交易各方逐渐形成伙伴关系甚至是更高一级的联盟关系。农业电子商务可实现与多媒体的融合，更好地为用户传达农业领域的新鲜资讯。农业电子商务的线上交易、移动端支付、网络支付等功能已经较为完善，并且能够为消费者的线上交易提供安全保障，这无疑间接促进了我国诚信体系的发展与完善。

（二）农业电子商务成为现代农业产业的重要内容

现代农业可以被称作商品化、社会化的农业，它运用了现代化的物质设施、先进技术及管理方法等。农业电子商务的发展推动了农业产业的变革，革新了传统农业产业的发展方式、市场机制及流通方式等，为农业产业走上信息化道路提供了重要动力，也在农村生活的改善、农村经济的发展、现代农业的发展方面发挥着重要作用。换言之，农业电子商务已经成为现代农业产业不可缺少的一部分内容。

农业电子商务将农业产业的发展"阵地"延伸至线上。农产品生产者能够随时通过农业电子商务平台，获取到不同厂家所销售的生产资料或者农产品的价格，从而能够在"货比三家"之后选择出质优价廉的产品，进而选择出供应商。农业生产者也能够通过农业电子商务平台获取关于农业领域的诸多前沿内容，这些内容涉及技术、市场、管理等诸多方面。另外，借助电子商务系统，农产品生产者也能够进行农业相关信息的线上发布，或者对自身生产的农产品进行宣传和推广。电子商务的发展也逆向地推动了农产品的标准化生产，让农业线上交易规模得以进一步扩大。

农业电子商务的出现令一二三产业的融合成本得以降低。农业电子商务将线下的农产品销售活动转移至线上，农业生产者借助农业电子商务平台，可通过招标、批量购买等方式来减少成本开支，并且在销售农产品方面能够省略诸多中间环节，直接对接消费者，省去了中间交易成本，从而实现生产者和消费者的互惠共赢。另外，农业电子商务的发展也推动了其相关领域的发展，例如金融、物流、电信等，为农业产业化的发展提供了重要的推动力量。

现代农业的一项重要任务，就是发展休闲农业。休闲农业，它能够兼顾人们的物质和精神需求，在确保为人们提供营养丰富、绿色健康的农产品的同时，还可以让人们在农业休闲活动之中收获愉悦感受。休闲农业从性质上来说应归为劳动密集型产业，其发展所需的劳动力类型复杂多样，除了需要生产者和管理者，还需要各领域的服务者，因此说休闲农业能够有效地优化农村的劳动力结构，有利于增加农民收入，提高农民生活水平；休闲农业增进了城乡人员在思想层面的交流互动，让城镇居民有机会了解和体验农户生活，让农民在与城镇人员的接触中实现观念的转变，从而推动城乡之间的互动发展；休闲农业能够让人们更加重视并自觉地对农村宝贵的自然资源、人文资源等加以保护，令农业产业真正走上可持续发展的道路。

二、"互联网+" 时代背景下农业电子商务的工作实践

近年来我国大力推进农业电子商务，引导电子商务健康发展，加强电子商务基础设施建设，提高市场效率，促进"线上线下"双线融合服务，形成了多种农业电子商务模式。

（一）基础设施建设助力电子商务交易效率提升

基础设施建设是保障农业电子商务快速安全交易的基石。因此，我国要加强基础设施建设，完善政策环境，加快发展线上线下融合、覆盖全程、综合配套、安全高效、便捷实惠的现代农村商品流通和服务网络。

农业电子商务贸易离不开基础设施的支撑，农业电子商务的发展让不同地域的农产品在同样的平台上公平竞争，让那些更有特色、质量更高的农产品能够更顺利地实现和消费者的对接，令消费者的多元需求得到满足。而农业电子商务能否取得成功，在很大程度上取决于其基础设施建设是否完善。

从硬环境的角度来说，我国近年来十分注重对农村基础设施等方面的建设，如公路、宽带等，让农村的物流配送能力得到了很大程度的提升。

农村信息网络基础设施建设取得成效。政府引导、市场主体的农业信息化发展格局初步建立，农业互联网企业不断涌现。

物流配送基础设施更加完善。很多地区都建设了农产品批发市场，并不断进行升级改造，扩大了市场网络的总体覆盖范围。另外，很多大型农业物流信息平台建设起来，各地纷纷成立农业物流行业协会，农村物流领域取得了长足发展。

冷链物流基础设施发展迅猛，并处于不断优化过程中。如今，人们的生活得到了极大的改善，农业结构也变得更加科学、合理，生鲜农产品的产量和运输量每年都呈递增趋势，在这种背景下，社会对生鲜农产品的要求也越来越高。建设和完善农产品冷链物流体系，有利于农产品的储存和运输，能够有效避免农产品在储存和运输过程中腐烂和损坏，这无疑为农民增收提供了重要保障。基于物联网的智能冷链技术的出现推动了冷链物流的发展。信息技术的广泛应用在提高运营效率的同时，有利于降低冷链物流的成本。如：电子数据交换（EDI）、射频识别技术（RFID）、地理信息系统（GIS）、全球定位系统（GPS）等，这些信息传感设备通过互联网连接起来，实现了冷链系统的检测、识别、定位、跟踪、追溯和管理等，从而形成了生鲜农产品冷链的物联网，成为保障生鲜农产品从"田间"到"餐桌"全过程的重要"利器"。

（二）"双线"融合扩展电子商务服务范畴

这里所说的"双线"融合指的是，农业电子商务将线上渠道和线下渠道这两方面融合起来，令服务范畴得到极大的拓展，产地和销售地能够借助电商平台实现彼此的连接，省略了农产品中转和流通环节，从而将农产品在流通方面耗费的成本节省下来。原本处于线下的农产品商家可以在电商平台上申请开办网店，并在申请成功后把商品相关信息上传至网店的展示页面，以让消费者通过这些信息更全面地了解产品。基于电商平台的农产品交易的同时为生产者和消费者带来了便利，真正将互联网的优势发挥了出来。

农业电子商务的出现丰富了农产品的服务体验方式，让消费者的消费活动真正实现了线上与线下的结合。下面详细地对三种不同的服务体验方式展开描述。

一是线上到线下的消费方式。消费者在联网的情况下借助手机、电脑等设备可以对各网站或者 App 进行访问，浏览其中的农产品相关信息，比如质量、价格、产地等，之后通过比较多种商品挑选出最合适的付款下单，完成线上交易之后在线下的实体店取货或者是接受相应的服务。

二是线下到线上的消费方式。消费者先在线下的实体店查看和试用商品，若是对商品感到满意，那么就可以通过手机在线上找到与实体店对应的店铺购买自己想要的产品。这样做能够增加商家的线上商品销量，即增加农产品销售热度。

三是线上线下同步的消费方式。很多线上商家开始向实体经济"进军"，开设了自己的实体店面，这实际上也是为了更好地满足消费者的需求。

当线上商店无法满足消费者需求的时候，消费者可以到实体店进行体验并接受店家的服务。

在农业电子商务领域，线上线下相结合的服务模式已经占据主流地位，在全国范围内得到了广泛应用。很多农业专业合作社已经充分认识到了互联网的优势，并将网络技术、新媒体技术应用在农产品营销方面，让流通效率和营销水平都得到了大幅提升。

（三）市场实践促使多种商务模式涌现出来

近年来，农业电子商务走上了发展的快车道，其商务模式也变得十分多元化。起初，电子商务模式较为单一，主要为网络营销，但是目前我国已经形成了十分丰富多元的电子商务模式，它们具有不同的优势和特点，下面对这些模式展开详细阐述。

1. 基于网上营销的农业电子商务模式

网上营销是最早出现的一种农业电子商务模式，它指的是农户或者商户将农产品相关信息发布在农业信息网站上，并在线下进行具体的贸易活动。农业领域的很多专业网站在发布农业资讯、宣传农产品方面发挥着不可替代的作用。

借助网络实施调研活动，能够为农业电子商务的发展提供重要参考。线上与线下的市场调研有着很大的相似性，只不过将调研活动移至线上进行，借助电子邮件或者在线访问的方式完成问卷调查。相较于传统的线下调查来说，线上调查有着更高的回收率和成功率，问卷答案的可信度也比较高，并且无须耗费过多成本。分析问卷调查结果所得出的结论能为农业行业的各方面决策提供重要依据，从而能够有效提高电商交易的成功概率。

借助网络做促销活动。营销者可以借助网络平台将农产品相关信息传递给社会公众，或者通过新闻的方式把相关信息和服务提供给消费者。消费者在网络上接触并了解到这些信息后，可以去专业宣传页面更深入地了解农业相关信息，这种基于网络营销农产品的模式是传统农产品宣传方式的创新，帮助了农业生产与消费的对接。

2. 基于合作社的农业电子商务模式

基于合作社的农业电子商务模式，把个体化农业生产与农产品销售、流通过程联系起来，成为一个有效的系统。

在生产阶段，合作社以市场需求为依据组织农户们实施农业生产活动，一方面与农业企业签订订单，以这些订单为依据来合理调整农户的农业生产活动，另一方面将先进的农业技术提供给农户，助力他们在农业生产管理、栽培养殖方面遵循一定的规范，确保农产品质量能够达到标准。在农产品销售阶段，合作社在网络平台上负责对接商家，并签署购销合同等，确保农产品能够顺利销售出去。在技术和经济条件允许的情况下，合作社会在互联网上开办自己的官方网站，在网站上展示并销售特色农产品，以此来提高农产品吸引力，增加客户询问量和下单量，扩展产品销售渠道。另外，合作社也会利用一些农业行业的中介平台宣传产品、洽谈合作，进行国内或者是国际范围内的农产品交易。

网上交易的诚信和安全性，是保障农业电子商务活动顺利进行的重要方面，认证中心则能提供较为安全的交易环境。在物流环节，合作社负责按照质量要求对农产品进行分拣、包装，然后在网上寻找第三方物流公司完成送货服务。在支付环节，合作社可在县城的银行开立账户并开通网上银行，每次交易后的货款由买方直接网上转账。

3. 基于商业平台的农业电子商务模式

基于商业平台的农业电子商务模式具体指的是，从事农业生产或者销售工作的企业借助第三方平台进行农产品的网络推广和线下推广，从而让用户通过网络就能够直接获取并浏览关于农产品的各种相关信息；同时企业也能够建设自己的网站平台，并对该平台进行宣传推广。

依托第三方综合平台的模式。在该模式下，交易双方的部分交易过程或者是交易全程都以第三方平台为依托实现，如此一来，交易活动不仅能够接受专业人士的指导，同时它还让交易过程变得更加公正和透明。在该模式下，第三方平台负责对市场的供求信息进行发布，并促成交易双方顺利完成交易活动。在该模式下，很多特色鲜明、价值突出但是宣传不到位的农产品有了展示的机会和平台，并且形成聚合效应，让产品在市场上拥有更高的知名度。

依托纵向垂直电商平台的模式。该模式指的是农业领域某一品种或者某一细分市场，专业经营电子商务的交易平台。在该模式下，很多条件允许的大型企业就能够搭建垂直电子商务平台，把农业产业链整合起来，为农产品的销售创造和提供宣传推广的有效渠道，把电子商务的优势最大限度地发挥出来，助力整个农业产业链迅速发展。

4. 基于政府推动的农业电子商务模式

基于政府推动的农业电子商务模式，主要是国家或地方各级政府部门结合生产者、消费者、企业的实际需求，建立带有政府导向性，帮助农资和农产品生产、销售、信息服务及网上交易等的一种农业电子商务推动方式。由于政府具有较强的公信力，因此不论是农户端还是企业端都会信任政府的信息引导，从而形成一种良性的产业闭环。

5. 基于休闲农业的农业电子商务模式

休闲农业属于第三产业，它是农业和旅游业结合的产物。休闲农业对那些具有观赏性质、休闲娱乐性质的农业资源进行了充分利用，并将农业生产活动、艺术加工活动、科技应用活动融合起来，丰富了休闲农业的内容和形式。休闲农业的特点别具一格，这是其他寻常的旅游活动所不具备的，换言之，它能够为消费者创造不同以往的旅游消费体验。农业电子商务和休闲农业的结合便催生了新型农业电子商务模式。有条件的企业或者个人可以构建起休闲农业电子商务平台，将休闲农业服务的详细信息上传至该平台，扩大服务项目的影响力。

农业电子商务为休闲农业的发展提供了巨大的推动力量。休闲农业能够将健康、安全的绿色农产品及优美的乡村环境提供给游客，让游客在享用安全食物的同时，能够观看自然美景、呼吸新鲜空气，真正实现身心的全面放松。另外，在休闲农业中，游客还有机会参加各种各样有特色的农村文化活动。上述种种现象都表明休闲农业有着巨大的市场发展前景，受到当今社会人们的青睐。而农业电子商务平台可以将多种服务提供给消费者，让消费者通过该平台顺利地确定休闲旅游目的地，对休闲农业的消费过程有更明确的把握，从而让消费者的整个休闲旅游过程更加顺畅。

三、"互联网+" 时代背景下农业电子商务的应用成效

（一）农业电子商务令农业产业链延长

农业电子商务令一二三产业得到了延伸，并且令农业产业链变得更加完善。农业电子商务实现了信息技术和农业贸易活动的融合，并且为农业生产经营主体顺利完成各种农产品线上交易活动提供了重要支撑；农产品的运输、交易等活动不再以单个的农户为单位，而是统一集中到农业领域的大市场中，促使农业实现"订单式"发展，推动农业在现代化环境下形成较为完善的运行机制和组织形式。

农业电子商务可以不受时间和空间的制约。其整合了多种资源，为线上信息沟通打造了更加便利的渠道，不仅能实现网上广告、订货、付款、客户服务和货物递交等销售、售前和售后服务，而且采用网络交易平台，还能够将少量的、单独的农产品交易规模化和组织化，带动与农产品销售相关的金融、物流、交通、运输、电信等第三产业的发展，加快农业产业化进程。

农业电子商务和休闲农业的结合令农业产业链得以进一步延长。农业电子商务的出现和发展令农村产业结构发生变革，同时推动了第二产业、第三产业的发展，从总体上提升

了农业效益；为农村的人们提供了大量的就业岗位，让农村劳动力有更多的机会通过劳动赚取钱财；它将城市中关于农业的新技术、新观念、新信息等提供给农村的生产者，并且也将农村农业信息上传至平台供城市人了解，这无疑增进了城乡居民之间的互动交流，在城乡协调发展方面发挥了重要作用；休闲农业的发展提高了人们对农村中各种旅游文化及旅游资源的重视及开发程度，让人们有意识地对农村的资源和环境等加以保护，真正推动我国农业走上可持续发展的道路。

（二）农业电子商务令农业生产收入增加

建设社会主义新农村的根本目的在于增加农民收入。在现代社会，传统的经营管理模式显然不再适用，而新兴的农业电子商务有利于优化农业产业结构、扩大销售渠道、减少交易成本，而这些其实都间接地促成了农业生产者的增收。

农业电子商务的发展为农民提供了十分便捷的获取信息的渠道，同时减少了农产品销售过程中的中转环节，创造更多的农事机会给农业生产者，有力地推动了农业的市场化、法治化、国际化、规模化、标准化、品牌化发展，为农村农业走上现代产业化道路提供了推动力，在实现农民增产增收方面做出了突出贡献。

（三）农业电子商务为农产品消费者提供了便利

农业电子商务不仅给农业生产者和经营者提供了极大的便利，也让消费者在购买农产品方面更加快捷、有保障。

农业电子商务将农产品的安全水平提至新的高度。农业电子商务系统应用了各种现代化先进技术，如物联网、预警技术、大数据等，因此电商平台能帮助消费者对农产品进行溯源和质量判断。同时，因为农业电子商务能够实现对农产品的溯源，能够追踪到农产品产销过程中的各个环节，所以也形成倒逼机制，促使各环节保质保量做好工作，这对农产品质量安全水平提升而言有着重要意义。

农业电子商务有助于农产品打造自身的品牌。在农业电子商务平台中，若是农户始终为消费者提供高质量农产品，所提供的产品能够经得起市场的长期检验，那么其产品慢慢就会受到广大消费者的认同和青睐，并树立起自身的产品品牌。

农业电子商务为商家和消费者提供了线上互动的机会与渠道。农业电子商务平台借助数据分析能够更加精准地把握消费者内在需求，并且商家可以借助电商平台组织各种线上活动，让消费者参与其中，在增进他们对农产品认识的同时增加他们的活动参与感和主人翁意识。通过互动提升农产品的销量。

农业电子商务让不同消费者之间有了沟通的平台和机会。让受到地域限制无法见面的消费者，也能够通过线上电商平台进行互动沟通，交流在农产品方面的观点及见解。不同消费者之间的交流互动，也能够对农产品品牌起到一定的宣传作用，间接地推动农产品品牌的发展，让品牌在整个农贸市场上具有更强的竞争力。

（四）农业电子商务催生了新型农业产业形态

农业电子商务的发展催生了农业领域的新型产业形态，它将实体农业和虚拟农业融合起来形成前所未有的创意农业，而创意农业的出现又促使大量农民转型，成为当今时代所需要的新型农业生产者。

农业电子商务为创意农业的实现奠定了重要基础。创意农业以文化为核心，瞄准农业高新技术发展前沿，着力构建创意农业理论创新体系，为形成城乡经济社会发展一体化新格局提供有力支撑，推进社会主义新农村建设。创意农业充分调动广大农民的积极性、主动性、创造性，改善农民生活方式，改善农村生态环境，统筹城乡产业发展，不断发展农村社会生产力，以达到农业增产、农民增收、农村繁荣、推动农村经济社会全面发展的目标。创意农业需要在具体的产业上来实现，而农业电子商务就为其提供了平台，将创意生产方式、管理方式、营销方式集合起来，有利于产品的生产、管理、营销，推动创意农业的发展。

农业电子商务的发展也推动了农业生产者的不断进步，在现代社会成长起来的农民有着更加鲜明的自我提升意识，能够通过不断学习新知识、新技能来提升自身水平，令自己成长为符合时代发展要求的新农民。新农民成为农业电子商务活动的主要实施者和参与者，他们参与农产品电商的各个环节。传统农民文化水平不高，很多情况下是凭借经验来实施各项农事活动，相较而言，新农民文化水平高、创新能力强，有着鲜明的市场意识和时代意识，他们能够清晰地认识到农村经济社会的发展现状，并且能够积极运用先进知识、先进技术与模式等推动农业行业的迅速发展，真正让农产品的生产方式、流通方式、销售方式等实现变革。

第三节 "互联网+"时代背景下农业营销模式的创新发展

一、农业品牌化

（一）"互联网+品牌农业"的主要发展方向

在"互联网+农业"的进程不断推进的今天，各农业相关企业也开始重视农业的品牌化发展。无论是从市场环境还是从农业发展情况来说，农业品牌化发展所需条件都已经十分成熟。

从外部条件而言，国家推出了多项惠农政策，推动城乡一体化发展，而政策的支持在很大程度上为品牌农业的形成和发展提供了保障。从农业发展情况的角度而言，近年来，很多大型企业、创业者、资本涌入农业行业，为现代农业的发展起到了极大的推动作用，为农业品牌化发展提供了助力。

在当今时代，农业品牌化已经成为农业领域的一个必然发展趋势。企业要走农业品牌化道路，要做好下列工作。

1. 细分品类领导品牌

目前市场上的快消品种类多样，但很多产品存在着模仿甚至抄袭问题，没有形成自身的特色，故而市场竞争力不强。企业要想让自身产品在市场上占据一席之地，就要尽快打造独特的品牌，赢得消费者的关注和青睐。

市场上农产品的种类也十分复杂多元，并且长期以来人们会依照品类来对农产品进行购买，但当前市场上形成品牌化发展的农产品数量较少，能够获得消费者青睐并且形成稳定客户群体的农业品牌更是屈指可数。

将来农业品牌化发展会趋于完善，农产品的细分领域也可能会涌现出来一些领军品牌，并在细分领域长期占据竞争优势，为品牌长期发展奠定根基。

2. 专属消费品牌

传统农业的作用在于维持人们的温饱，解决生存问题，故而其规模小、效率低、收益低。但随着现代社会经济和技术的不断发展，人们对于农产品也提出了更高的要求。未来的农产品也会划分等级，不同等级的农产品对应着不同的质量水平：一是大众消费品，它的目的在于满足人类生存需求，是人们生活中不可缺少的；二是中高端农产品，此类农产品更加强调营养、健康和味道，但其售价也比大众消费品更高；三是农产品中的奢侈品，它对事物属性更加注重，并且开始强调产品对饮食文化的彰显。

3. 知名服务品牌

农产品有着极为多元的种类，农产品产业链也具有突出的复杂性，从产品生产到树立产品品牌也是个十分漫长的过程。但是，农产品是人们生活中所不可或缺的，故而农产品每天的交易量都很大，农业企业也可以从服务方面入手打造农产品品牌，在服务方面探寻品牌特色。

农产品服务品牌也有着较多种类，渠道、物流、终端、金融、售后等环节都可以对服务进行优化升级。

如今，我国农业品牌化发展已经步入新的阶段，但毫无疑问，当前并未形成农业品牌格局，农业企业有着较大的发展空间和发展潜力，能够以较低的成本来得到较为可观的客流量和市场份额。若是农业企业此时能够占据先机，打造出具有较强稳定性的品牌，那么就会在农业行业占据领先地位，削弱其他企业的入局优势。

（二）建设互联网农业品牌的对策

在农业领域有规模农业和精品农业之分。若是企业将自身农业发展性质定义为精品农业，那么在营销时就能够实施会员制；但若是其农业生产已经达到了较大规模，那么就需要探索开发其他渠道，打造立体、全面的农产品营销体系，确保农产品能够顺利地销售出去。当然这一切的前提是要有较强影响力的互联网农业品牌作为支撑。在网络时代，农业企业为了更好地宣传和推广农产品，可以运用下列几种营销模式，为互联网农业品牌的打造提供保障。

1. 会员模式

当前，人们的物质生活水平相较以往而言有了极大改善，人们也更加注重食物的安全性。在这种背景下，不少城市居民开始担心农药、激素、食品添加剂等会危害食品安全，从而更倾向于购买和食用那些真正无污染、原生态的绿色农产品。

长期在城市中生活的人往往会将农村健康、绿色的蔬菜等农产品视为宝贵的美味。对于城市居民而言，无污染的绿色农产品俨然已经成为高端消费品。为了迎合人们的心理、满足人们的需求，很多农业企业开始推行会员制。在未来，会员制将会继续以较快的速度发展，并且业委会、同学会、商会等都能够成为助力其发展的关键角色。

城市中很多居民都有原生态农产品方面的消费需求，他们之中有的甚至愿意出高价购买这些绿色健康的农产品。因此对于企业而言，其任务就是尽快着手打造自身品牌，真正将那些无污染的农产品提供给消费者，让消费者在农产品方面的消费需求得到有效满足。

从长期发展的角度而言，未来会员制的形式可能会被农业行业所淘汰，但从当前的市场情况来说，企业实施会员制能够精准地获取目标群体，并搭建起较为稳定的供货渠道。

2. 网络营销

在"互联网+"社会，网络营销逐渐进入人们的视野，它的到来令传统营销模式发生了巨大变革。若是企业能够成功运用网络营销模式对农产品进行售卖，那么它们就能够迅速扩大市场覆盖面积，获取更多的消费者。受到季节、成熟周期等因素的影响，很多初级农产品无法实现整年的稳定供应，因此企业在开展农产品的网络营销活动时要限定营销范围，通常来说会选择在一线城市或者是省会城市进行营销。

明确网络营销目标后，为了优化营销效果、达到预期销量，企业需要借助平台对农产品的特点及优势进行宣传，让消费者对农产品有更加全面和准确的了解，并且将农产品的产销过程呈现给消费者，让消费者能够随时查找到农产品的出产地、生产厂家、物流运送等方面的详细信息。另外，企业可以注册社交媒体平台的账号，让消费者通过这些平台的账号实现和商家及其他用户之间的互动；企业可以借助平台多举办网络活动，并积极打造自己的多平台网络营销矩阵，争取让自身品牌有更大的影响范围。

3. 订单模式

订单模式和会员模式有着突出的相似性，二者的不同之处在于会员模式将特定用户作为主要消费群体，而订单模式则更倾向于和那些大型加工企业展开合作。举例来说，粮食类农产品品牌可以和加工糖类、面包等的大型加工企业建立合作关系；水果类的农产品品牌则可以和零食加工企业、饮料加工企业建立合作关系。

实际上，无论是农产品供应商还是加工企业，都希望能够和彼此建立长期稳定的合作关系，因为在发展过程中双方都要承受外在的竞争压力，若是供应商的总体供应量大幅提升，那么需求方可能会产生"以低价购买高质量产品"的想法；若是供应的农产品数量骤减，那么生产方又会给农产品制定较高的价格。若是供应商和加工企业能够长期稳定地合作，将农产品价格始终控制在合理的范围内，那么就能够实现双方的互惠共赢，避免其中一方因为种种原因而蒙受损失。

4. 配送模式

配送模式更适用于那些拥有稳定的企业级用户的互联网农业品牌。对于运用该模式的品牌方来说，它们应当能够提供多元的产品种类，能够将各季节所对应的优质农产品提供给用户。

在该模式中，较为常见的用户当属餐厅、酒店等，它们需要供应商每天为其提供稳定的多品类货源。通常来说，这些酒店、餐厅等一旦和供应商达成合作关系，那么它们就会长期使用供应商所提供的农产品，并且每天的需求量也是较为稳定的，方便供应商为其配货。另外，实施配送模式也十分有助于提升农业企业品牌影响力。

5. 专卖模式

对于品牌营销推广工作来说，其终极目标就是实施专卖模式。从很多奢侈品的销售现状可知，通过专卖店对商品进行销售能够获得十分可观的利润。该模式也可以应用在农业领域，农户可以在确保农产品质量达标的前提下在农产品包装方面下功夫，并且打造农产品线下专卖店，借助产品和店面的形象塑造来促使产品品牌更加完善。

应当指出的是，此种营销模式需要花费较多成本，从而会令产品价格升高，为了令该模式得以顺利实施，运营方可先在一线城市进行试营业，等农产品专卖店形成较大影响力之后再在其他城市开设专卖店。

二、重塑休闲农业

（一）休闲农业的主要发展模式与主要经营类型

1. 休闲农业的主要发展模式

（1）田园农业休闲模式

主要通过农村地区的风光、当地特产及生产操作过程激发人们的兴趣，利用当地的资源，通过举办富有地域特色的游乐活动，让城市居民能够零距离亲近大自然，亲身感受田园生活，有农业科技游、田园农业游、务农体验游和园林观光游四种类型。

（2）民俗风情休闲模式

主要通过当地的传统文化、民风民俗来激发人们的兴趣，重点体现传统农村地区的独特文明，举办乡村综艺活动、民间技艺，突出传统节日风俗，体现当地的文化传承，提高休闲活动的文化价值，有乡土文化游、农耕文化游、民族文化游和民俗文化游四种类型。

（3）农家乐休闲模式

通过原汁原味的农家生活、地道的农产品、当地的山野景色来激发人们的兴趣。消费者不仅能够享受娱乐活动，还能在农户家中体验农村人的日常食宿生活。有农事参与农家乐、休闲娱乐农家乐、食宿接待农家乐、民俗文化农家乐、农业观光农家乐和民居型农家乐六种类型。

（4）村落乡镇旅游模式

通过传统农村建筑以及如今农村地区发展的新面貌激发人们的兴趣，有民族村寨游、新村风貌游、古镇建筑游、古民居游和古宅院游五种类型。

（5）休闲度假模式

以农村地区的田园风光、洁净无污染的空气、当地的文化特色、农村特有的生活方式为主导，开发度假区，供消费者度假、游玩，可以让消费者暂时告别快节奏的都市生活，放松身心，有休闲农庄、乡村酒店和休闲度假村三种类型。

（6）回归自然休闲模式

开发农村地区的自然资源，比如在山区开展登山及远足活动，在湖泊较多的地方开展游船、滑水活动，在林木繁茂的地区开展森林浴等，有露宿营地、森林公园、水上乐园、湿地公园和自然保护区五种类型。

2. 休闲农业的主要经营类型

（1）观光农园

主要针对林果、花卉、蔬菜和茶叶等农园开展一系列活动，消费者可在园内摘取水果、茶叶、蔬菜或者进行花卉观光，亲身体验收获的充实感。科技农业在经营过程中，采用先进的科学生产技术，让游客更加直观地了解现代农业发展，主要经营形式有药膳农园、基因农场、温室栽培、阳光农园、农技博物馆、生物工程和水耕栽培等。

（2）生态教育

这种经营方式主要是为了防止生态环境遭到破坏，同时向人们普及更多的知识，主要经营形式有有机农园、户外环境教育、户外野餐活动、生态农园、野生动物保育讲座和户外度假住宿等。

（3）森林旅游

以林木茂密地区的山野景观、广阔的森林、复杂的地形、多样的植被、野生动物、幽深的峡谷和清澈的溪水等吸引人们前来游玩，主要经营形式有森林浴步道、赏鸟、体能训练场、森林保育、森林浴、森林小木屋和自然生态教室等。

（4）农庄民宿

利用农村当地能够体现地域特色的建筑，以及原生态、特色农产品开展经营，为消费者提供食宿，让他们深入体验农村生活，经营形式有自然休养村、民俗村、渔村及普通农庄等。

（5）民俗旅游

为游客展示当地农村的民风民俗，以此开展经营活动，主要形式包括乡村居民建筑、民俗古迹、农家生活体验、乡村博物馆、农村民俗文化馆、农产品生产作坊和地方人文历史等。

（6）渔业风情

利用当地丰富的渔业资源，供游客休闲、观光和娱乐，向他们普及相关知识，在靠近海洋的地方发展航海及相关渔业体验经营活动，主要经营方式有建设海底世界、由当地渔民带领游客出海捕捞、允许游客在海边钓鱼等。

（二）"休闲农业+旅游"的体验营销实施路径

1. 把握消费者内在需求，准确定位消费市场

社会发展促使人民生活水平和消费水平不断提升，很多城市居民十分注重开展旅游活动、丰富休闲生活。在此背景下，休闲农业经营商应当明确休闲农业领域消费者的消费目的，进而探寻出相较于其他旅游方式来说，休闲农业在哪些方面占据优势。举例来说，游客或喜欢农村的新鲜空气，或喜欢农村的幽静氛围，或喜欢农村的悠闲自在，或喜欢农村人民的热情好客的品质……经营商可以积极开展市场调查把握游客的内在核心需求，并以此为依据进一步完善和发展休闲农业。

2. 开发独特新型项目，注重消费者参与体验

相较于传统旅游模式而言，如今的消费者更加在意旅游过程中的体验感，他们的消费需求、消费习惯、消费行为等也和以往有着巨大差别。一般而言，人们往往会在一段时间内十分关注某种体验产品，这段时间过后人们对该产品的关注度就会逐渐下降，因此为了提升休闲农业旅游产品对消费者的吸引力，经营者需要不断创新，对产品进行优化升级。

通常而言，很多休闲农业消费者想要在旅途中获得独特的、沉浸式的体验。经营者需要不断开发与众不同的体验项目，让产品契合消费者的消费心理，从而让游客在旅途中更加全情投入，获得新鲜的旅途感受，收获精神层面的充分满足。具体而言，休闲农业经营者需要做好下列工作。

首先，准确把握消费者内心需求。经营商要通过多种方式了解消费者的消费习惯、价值观念及行为特点，并以这些内容为依据群策群力，开发出更多契合消费者需求的多种休闲农业旅游产品，同时还要对服务体系加以优化和完善。

其次，激发消费者参与旅游项目的积极性。经营商在设计产品时要十分注重互动元素的添加和融入，让消费者产生强烈的购买项目动机，并在购买成功后通过项目获得沉浸式体验，帮助消费者在旅途中舒缓压力，愉悦身心。

3. 构建现代化管理体系，优化完善硬件设施

在休闲农业中供应商所提供的服务也具有突出的不可分离性，即服务的生产过程和消费过程始终是同步进行的。在休闲农业中，消费者在接受商家提供服务的同时也可以获得相关体验。因此从经营者的角度来说，既要将优质的基本服务提供给消费者，还要尽量赋予游客突出的体验感。

第一，进一步发挥相关职能部门的管理作用，切实履行好自身职责，为游客打造一个放心舒心的消费环境。

第二，针对休闲农业各领域制定明确标准，确保其在交通、市场、环境、资源等方面的发展都有制度保障。

第三，制定管理章程，确保休闲农业各项目能够实现规范化运营。

第四，优化完善各项目所需的硬件设施，为服务质量的提升提供保障。休闲农业项目经营商，要确保旅游区域内有着较为完善的交通、水电、通信等设施，并做好食品安全、游客人身安全保护等工作，确保游客在游玩期间没有后顾之忧；另外，要完善旅游区域内的诸多配套设施，确保不因设施不到位而降低项目的服务质量，助推休闲农业的科学健康发展。

4. 提升营销人才质量，借鉴其他公司先进经验

为了使休闲农业的从业者具有更高的素质和能力，经营商需要积极组织培训课程，扩充从业者知识体系，提升从业者专业技能，让他们能够为消费者提供更加优质的服务，从而提高消费者对休闲农业项目的满意度。

休闲农业的经营发展涉及多个产业与领域，这就要求从事该行业的从业者具备较强的综合知识能力。因此，企业管理者要在不断充实自己的同时，组织各种内部学习活动或者培训活动，促使工作人员能够更加深入地把握旅游经济、农业规划、市场营销等知识，从而促使员工实现个人技能的提升。

另外，为了保护好农村生态环境，企业要在做好管理工作的同时加强员工生态环保意识、环保文化和技能等方面的培训，可以同国内外的同行业企业进行交流，或者邀请优秀成功人士到公司举办讲座等。公司也可以派遣部分员工到优秀企业学习，对其经验、技术等加以借鉴，以此来不断推动公司经营体系的完善。

三、"互联网+"背景下农产品销售对策

农业是我国国民经济的基础性产业，它提供着人类生存发展所不可或缺的重要资源，但是作为农业生产者的企业或者农户在市场上地位较低，在农业产业的价值传递中始终未占据优势地位。要想解决该问题，就要提倡和引导农业生产者融入市场竞争，真正借助科学知识和先进技术来促进农产品的营销发展。

在当今时代，农业行业充斥着大量的同质化竞争，这种背景下，发展和完善农产品网络营销，能够有效地推动农户和农业企业的进步及发展。农产品网络营销为农产品的销售提供了现代化渠道，为扩展品牌影响力范围、增加农产品销量提供了重要助推力，在促进农产品供需平衡、增加农户收入方面发挥着重要作用。在网络时代，农业企业应当把握时

代发展趋势，抓住时代赋予的发展机遇，力争通过各种现代化途径和方法实现农产品营销水平的大幅提升。

（一）开展农户培训，完善其营销认知

农业企业可以和政府联手开展对农户及企业员工的培训，让他们有更多机会接触和学习营销知识及技能，为他们搭建系统的营销体系，并力争将农户和企业员工培养成符合社会发展要求的新型信息化人才，让他们在农业行业的营销实践中发挥自身作用。

（二）实现产品全程追溯，增强百姓食品安全意识

为了确保所销售的农产品具有更高的安全性，很多农业企业和生产者通过网络技术、移动设备等打造出了农产品质量追溯体系。在该体系的支持下，消费者仅需用联网的手机扫描农产品对应的二维码，就能够获取农产品从生产到销售所有环节的详细信息。这样一来，不仅方便了人们对农产品的管理和监督，也让品牌影响力有了大幅提升。

（三）拓展线上营销渠道，完善物流配送体系

在当今时代，互联网、云计算、大数据等现代信息技术已经得到了普遍应用，人们可以借助这些技术来拓展农产品的线上营销渠道，打造出具有多功能的农产品电子商务平台。农业企业可以将互联网的种种优势和农产品营销结合起来，实现农产品的现代化营销，让消费者能够通过互联网迅速获取产品的诸多信息。由此一来，那些信息公开、过程可追溯、产品质量优良的企业就更容易得到消费者的青睐。

（四）优化农产品信息服务，推动产品品牌化发展

相关部门及有条件的农业企业可以积极建设农产品信息服务平台，借助农产品产地及文化等方面的优势突出农产品特色，做好农产品的定位和宣传工作，让消费者更精准地把握产品品牌特色。企业要充分挖掘农产品的差异性，并对这些差异加以凸显，让品牌具备更强的溢价能力，为农产品后期的营销推广奠定基础。

在互联网时代，网络技术成为推动农业现代化发展的重要动力。互联网与农业相结合革新了农产品的传统营销方式，使农业企业和生产者、消费者之间的关联愈加紧密，并且进一步增强了品牌影响力，壮大了消费者群体，为农业的迅速发展提供了重要动力。

参考文献

［1］孙鹏程，黄琛杰，李娜．大数据时代下农业经济发展的探索［M］．北京：中国商务出版社，2023.

［2］姜长云．农业强国［M］．北京：东方出版社，2023.

［3］聂玉声．拥抱数字经济挑战与选择［M］．北京：文化发展出版社，2023.

［4］沈和江．乡村旅游社区发展观的民生尺度研究［M］．北京：光明日报出版社，2023.

［5］柴青宇，孙正林．农村产业融合发展水平评价及路径选择［M］．沈阳：东北财经大学出版社有限责任公司，2022.

［6］周芳．乡村休闲旅游与农村产业经济发展［M］．长春：吉林出版集团股份有限公司，2023.

［7］华忠，钟惟钰．协调发展视角下的现代经济管理研究［M］．长春：吉林出版集团股份有限公司，2023.

［8］温国宗．绿色生产和消费：机制、方法与实践［M］．北京：中国环境出版集团，2023.

［9］田夏彪．聚通与共谐乡村治理的社会教育力培育［M］．北京：九州出版社，2023.

［10］金琳，金阳．农业研发投入与农业经济增长问题研究［M］．延吉：延边大学出版社，2022.

［11］潘启龙，刘合光，陈珏颖．城镇化对我国农业发展的影响机理与对策研究［M］．北京：中国经济出版社，2022.

［12］刘振剑．现代生态经济与可持续发展研究［M］．北京：中国原子能出版社，2022.

［13］江小容，张波．中国当代农业改革发展史纲［M］．西安：陕西科学技术出版社，2022.

［14］钱志新．全新数字经济［M］．北京：企业管理出版社，2022.

［15］李兴国．新时期农业对外合作的法治困境及解决路径研究［M］．武汉：武汉大学出版社，2022.

［16］刘殿国．效率型经济增长模型及应用研究［M］．北京：新华出版社，2022．

［17］张彦丽．生态经济发展新动能研究［M］．济南：山东大学出版社，2022．

［18］谭启英．"互联网+"时代背景下农业经济的创新发展［M］．北京：中华工商联合出版社，2022．

［19］郝文艺．都市农业发展策略研究［M］．哈尔滨：哈尔滨工程大学出版社，2021．

［20］马文斌．农业科技人才培养模式及发展环境优化［M］．长春：吉林人民出版社，2021．

［21］刘明娟．中国农业微观经济组织变迁与创新研究［M］．芜湖：安徽师范大学出版社，2021．

［22］李进霞．近代中国农业生产结构的演变研究［M］．厦门：厦门大学出版社，2021．

［23］汪利章．有机农业种植技术研究［M］．天津：天津科学技术出版社，2021．

［24］韩军喜，吴复晓，赫丛喜．智能化财务管理与经济发展［M］．长春：吉林人民出版社，2021．

［25］张天柱．农业嘉年华运营管理［M］．北京：中国轻工业出版社，2020．

［26］李睿．中国古代农业生产与商业化经济研究［M］．长春：吉林人民出版社，2020．

［27］陈洁．我国区域特色农业发展问题研究［M］．上海：上海远东出版社，2020．

［28］龚勇．数字经济发展与企业变革［M］．北京：中国商业出版社，2020．

［29］蔡桂全．农业风险与农业保险制度建设研究［M］．北京：北京工业大学出版社，2020．

［30］杨育红．我国农业面源污染的本质与归宿［M］．北京：中国水利水电出版社，2020．

［31］孙新旺，李晓颖．从农业观光园到田园综合体现代休闲农业景观规划设计［M］．南京：东南大学出版社，2020．

［32］孙娟．社会学视角下的区域经济发展及其管理创新策略［M］．北京：中国纺织出版社，2020．

［33］刘拥军，吕之望．外国农业经济［M］．北京：中国农业大学出版社，2019．

［34］刘勇．休闲农业创新发展与规划［M］．南宁：广西科学技术出版社，2019．

［35］邢旭英，李晓清，冯春营．农林资源经济与生态农业建设［M］．北京：经济日报出版社，2019．

［36］刘洁，陈静娜．区域发展的经济理论与案例［M］．北京：海洋出版社，2019．

［37］赵慧．区域经济发展理论与实践［M］．兰州：甘肃人民出版社，2019．

［38］杜浩波．新农村经济发展与分析［M］．北京：现代出版社，2019．

［39］张瑜，曾雅，洪霞．农业农村发展案例研究［M］．南京：东南大学出版社，2019．

［40］王瑾，赖晓璐，周腰华．休闲农业经营之道［M］．北京：中国科学技术出版社，2019．

［41］蒋建科．颠覆性农业科技［M］．北京：中国科学技术出版社，2019．

［42］左喆瑜．水资源与中国农业可持续发展研究［M］．兰州：兰州大学出版社，2019．

［43］叶亚丽．"互联网+"农业改革实践创新［M］．北京：现代出版社，2019．

［44］邢红．农村能源与现代农业融合发展的水平测度与机理研究［M］．南京：东南大学出版社，2019．